기독교 윤리와 인문학

기독교 윤리와 인문학

■■■

오주철 윤은수 공저

하드츠파사

추천사

포스트모더니즘의 세계에 한 줄기 빛인 기독교적 세계관을 위하여

황 재 범

기독교 세계관, 왜 지금 우리에게 필요한가?

오늘날 우리는 '포스트모더니즘'이라는 이름의 시대에 살고 있습니다. 절대적인 진리는 없다고 말하고, 모든 생각과 가치가 상대적이라고 여기는 세상입니다. 이처럼 혼란스럽고 방향을 잃기 쉬운 시대 속에서 우리는 "기독교 세계관"이라는 빛을 붙들 필요가 있습니다.

기독교 세계관이란, 세상과 인간, 역사와 미래를 하나님 중심으로 바라보는 방식입니다. 하지만 우리가 살아가는 현실은 이와는 다른 세계관들이 더 큰 영향을 미치고 있습니다. 기독교적 사상가 프랜시스 쉐퍼(Francis Schaeffer)와 제임스 자이어(James W. Sire)는 현대 세계관의 흐름을 이렇게 정리합니다:

기독교신론(Christian Theism)→ 자연주의(Naturalism)→
허무주의(Nihilism) → 실존주의(Existentialism) →
뉴에지(New Age) →포스트모더니즘 (Postmodernism)

이 흐름은 우리에게 두 가지 사실을 알려줍니다.

첫째, 지금 우리가 사는 세상은 '다양한 세계관이 뒤섞여 있는 복잡하고 혼란한 세계'라는 점입니다. 둘째, 우리도 모르게 '포스트모더니즘의 영향'을 받고 있다는 점입니다. 심지어 기독교인이라 해도 이 흐름에서 완전히 자유롭기 어렵습니다.

그렇다면 우리는 어떻게 기독교 세계관을 배우고, 그것을 우리의 삶 속에서 실천할 수 있을까요? 단순히 이론 몇 가지를 배우는 것만으로는 충분하지 않습니다. 이 세상과 담을 쌓고 살아서는 안 되고, 적대적인 태도로만 접근해서도 안 됩니다. 오히려 이 세상을 잘 이해하고, 동시에 기독교 세계관이 말하는 바른 시선을 배워가며, 실제 삶에서 조금씩 실천해 가는 것이 중요합니다.

특히 우리는 현대 과학주의의 영향 아래 살아갑니다. 과학은 분명히 중요한 지식을 제공합니다. 하지만 과학이 모든 것을 설명할 수는 없습니다. 과학의 지평 너머에는 더 크고 깊은 진리, 곧 살아계신 하나님이 계십니다. 그분은 단순한 원리나 개념이 아니라, 세상을 창조하고 지금도 이끌어 가시는 인격적인 진리입니다.

기독교 세계관은 이렇게 말합니다. 이 세계는 혼돈(chaos)이 아니라, 하나님의 선한 질서(cosmos)가 있는 곳입니다. 인간은 하나님의 형상대로 지음받았기에, 존재 자체로 귀하고 의미 있습니다. 그리고 모든 존재는 단순히 '있는 것'이 아니라, 창조주의 뜻 안에서 '의미'를 가진 존재입니다.

이 책은 바로 그러한 기독교 세계관을 세우기 위한 여정을 안내합니다. 이름하여 "기세바", 즉 "기독교 세계관 바로 세우기"입니다. 혼란한 세상 속에서 한 줄기 빛이 되기를 원하는 모든 대학생들이 이 책을 통해 바른 세계관을 배우고, 자신의 삶 속에서 실천하며, 그 빛을 세상에 비추기를 진심으로 바랍니다.

계명대학교 기독교학과 명예교수

서 문

세상을 살아가며 우리는 수많은 질문들과 마주하게 됩니다. "나는 누구인가?", "왜 살아야 하는가?", "무엇이 옳고 그른가?", "어떻게 살아야 하는가?" 이러한 질문들은 철학적인 성찰에 그치지 않고, 우리 삶의 구체적인 방향을 결정짓는 나침반이 됩니다. 그리고 이 물음에 대한 대답은 각자 가지고 있는 '세계관'에 따라 달라집니다.

이 책은 바로 그 세계관, 특별히 기독교의 세계관에 대해 함께 고민하고 배우기 위해 쓰였습니다. 많은 대학생들이 과학과 기술이 발전한 이 시대에 여전히 신앙이 필요한가에 대해 의문을 가집니다. 또 윤리적 딜레마, 사회적 갈등, 생명의 문제, 환경의 위기 앞에서 기독교는 어떤 대답을 줄 수 있는지 궁금해합니다. 우리는 이 질문들을 외면하지 않고 정직하게 마주하며, 기독교가 가진 생명력 있는 대답을 여러분과 함께 찾아가려고 합니다.

이 교재는 먼저 "기독교란 무엇인가?"라는 기본적인 질문에서 출발하여, 기독교 세계관의 기초를 세우고, 기독교 윤리의 본질을 살펴본 후, 오늘 우리가 직면한 삶의 다양한 문제들을 기독교적 시선으로 조명하려고 합니다. 안락사, 낙태, 자살, 사형과 같은 생명윤리의 문제뿐 아니라, 결혼과 가정, 동성애 같은 가정윤리, 그리고 직업, 미디어, 환경 등 사회윤리에 이르기까지 폭넓게 다루며, 기독교 세계관이 단지 교회 안에 머무는 것이 아니라, 삶의 전 영역에서 유효한 통찰과 방향을 제시할 수 있음을 보여주려고 합니다.

이 책은 정답을 강요하거나 판단을 내리는 것이 목적이 아닙니다. 오히려 여러분 스스로가 기독교적 가치와 논리를 '이해'하고, '질문'하고, '비판'하고, 함께 '토론'하며 각자의 삶과 사회 속에서 의미 있는 답을 찾아가도록 도우려 합니다.

여러분은 이미 가치 있는 질문을 품고 이 책을 펼쳤습니다. 그 시작만으로도 충분히 소중합니다. 이 책이 여러분이 살아가는 현실과 신앙 사이의 다리를 놓아주고, 때로는 길을 잃은 듯한 세상 속에서 따뜻한 나침반이 되기를 소망합니다.

함께 읽고, 함께 묻고, 함께 걸어갑시다.

2025년 여름, 저자 드림

차례

1단원	기독교와 종교	11
2단원	성경과 인권	29
3단원	기독교 윤리란 무엇인가	49
4단원	생명윤리-안락사	61
5단원	생명윤리-낙태	75
6단원	생명윤리-자살	89
7단원	생명윤리-사형	103
8단원	가정윤리-결혼과 가정	117
9단원	가정윤리-동성애	129
10단원	사회윤리-직업윤리	137
11단원	사회윤리-미디어윤리	153
12단원	사회윤리-환경윤리	165

미주 184

1단원

기독교와 종교

1. 들어가는 말

오늘날은 정보의 홍수와 다양한 사상이 넘쳐나는 시대다. 인간은 과학기술의 발전으로 많은 문제를 해결했지만, 여전히 삶의 근원적 질문, 곧 "인간은 왜 사는가, 무엇을 위해 존재하는가, 죽음 이후에는 무엇이 있는가?" 하는 물음 앞에 서 있다. 이런 질문은 철학적 호기심의 결과가 아니라, 인간 존재 그 자체가 던지는 내면의 울림이라 할 수 있다. 이와 같은 깊은 질문에 대한 해답을 찾으려는 과정에서 인간은 종교를 만들어내고, 그것을 통해 초월자와의 관계를 맺으려 해왔다. 특히 대학 시절은 자아 정체성과 인생의 가치관을 정립하는 중요한 시기로, 종교에 대한 탐구는 세계관 형성의 밑거름이 된다. 이 글은 "기독교란 무엇인가?"라는 물음을 중심으로 기독교가 다른 종교와 어떻게 다른지, 어떤 중심 메시지를 가지고 있는지, 그리고 오늘날 우리 삶에 어떤 의미를 던져주는지를 다각도로 살펴보려 한다.

2. 종교란 무엇인가: 인간의 보편적 갈망

1) 종교의 정의와 본질

종교는 인간이 자신보다 크고 초월적인 존재, 즉 신적 존재를 인식하고, 그 존재와 관계를 맺으려는 체계적인 노력이라고 할 수 있다. 이러한 노력은 단순히 문화나 사회 제도의 산물로만 이해될 수 없다. 오히려 그것은 인간 존재의 본질적 조건, 곧 유한성과 불완전성, 고통과 죽음, 불확실성과 같은 실존적 문제에서 비롯된 깊은 응답의 표현이다. 인간은 이 세계 속에서 자신의 한계를 인식할 때 본능적으로 자신을 초월한 존재를 향한 갈망을 품게 된다. 이 갈망은 단순한 심리적 위안이나 사회적 통합의 기능에 머무르지 않고, 더 깊은 차원에서 삶의 의미를 묻는 본질적인 열망으로 나타난다.

독일의 종교학자 루돌프 오토(Rudolf Otto, 1869-1937)는 이러한 종교적 체험을 '누미노제'(numinose)라 명명하면서, 그것이 사유나 관념이 아니라, 인간 존재 전체를 감싸는 '전율을 일으키는 신비로움'(mysterium tremendum et fascinans)이라 설명했다.[1] 그는 종교적 체험을 통해 인간이 느끼는 감정은 경외감이나 두려움이 아니라, 동시에 끌림과 매혹의 감정이 함께 나타나는 독특한 경험이라고 보았다. 종교적 감정은 논리나 이성의 언어로는 완전히 설명될 수 없으며, 인간 내면 깊은 곳에서 솟아나는 실존적 감동이다.

이러한 점에서 종교는 인간의 감정과 이성, 신체와 영혼을 아우르는 총체적 실존의 표현이며, 단순한 의례나 교리 체계로 환원될 수 없다. 종교는 인간이 신비 앞에서 느끼는 경외, 초월적 존재와의 관계 속에서 발견하는 의미, 삶과 죽음의 경계에서 붙드는 희망을 담고 있다. 그러므로 종교는 여전히 현대인의 삶 속에서도 유의미하며, 인간의 가장 깊은 차원에서 시작된 '신을 향한 탐구'로 계속되어야 한다.

2) 초등종교와 고등종교의 구분

종교는 발전의 단계에 따라 '초등종교'(primitive religion)와 '고등종교'(higher religion)로 나눌 수 있다. 이러한 구분은 종교의 구조와 사상적 깊이, 그리고 인간 삶에 대한 통찰의 수준을 기준으로 한다. 초등종교는 일반적으로 원시적인 자연 환경 속에서 형성된 종교 형태로 주로 자연 현상이나 정령에 대한 믿음을 중심으로 한다. 이러한 종교는 번개, 폭풍, 태양, 강 등 자연 요소에 생명성과 의지를 부여하고, 이를 달래기 위한 주술과 제의적 실천을 강조한다. 샤머니즘이나 애니미즘이 대표적 사례이며, 특별히 불교나 유교, 도교, 힌두교와 같이 동남아에서 발전된 종교들이 여기에 속한다. 이러한 종교에서는 인간이 자연과 정령의 힘에 종속되어 있다고 느끼며, 그 힘을 달래거나 이용하기 위해 제의적 행위를 지속적으로 수행한다.[2]

반면 고등종교는 윤리적 규범과 철학적 사유를 포함하며, 인간의 존재와 우주, 구원의 문제에 깊이 있는 성찰을 제공하는 종교이다. 이러한 종교는 경전, 교리 체계, 제도적 공동체를 갖추며, 단순한 행위의 반복을 넘어 인간과 신적 존재의 관계, 삶의 궁극적 의미에 대한 해석을 제공한다. 유대교와 기독교, 이슬람교와 같이 근동지역에서 발전된 종교들이 여기에 속한다. 특히 기독교는 유일신 사상과 계시를 중심으로 한 구속사의 구조, 그리고 인격적인 하나님과의 관계성을 강조한다는 점에서 고등종교 중에서도 독특한 위치를 차지한다. 기독교는 인간의 구원을 넘어서 역사와 윤리, 공동체적 삶의 방향성까지 포괄하는 종교로

발전해 왔다.³

[표 1] 초등종교와 고등종교의 비교

구분	초등종교	고등종교
대상	자연, 정령	절대자, 유일신
중심	주술적 실천	도덕, 계시, 구원
구조	비체계적	경전, 교리 체계

3) 종교가 인간 삶에 주는 의미

종교는 사후 세계에 대한 보장이나 현재의 고난을 위로해주는 심리적 안정감을 제공하는 데 그치지 않는다. 오히려 종교는 인간 존재의 전반에 걸쳐 삶의 방향성과 가치를 부여하며, 세계를 어떻게 이해하고 해석할 것인지에 대한 일관된 틀을 제공한다. 즉, 종교는 인간이 자신과 세계, 타인과의 관계를 설정하는 방식과 깊은 관련이 있으며, 그로 인해 단순한 개인적 신념 체계를 넘어 사회적이고 문화적인 삶 전체를 형성하는 근간이 된다.

심리학자 빅터 프랭클(Viktor E. Frankl, 1905-1997)은 제2차 세계대전 중 나치의 아우슈비츠 수용소에서 직접 체험한 참혹한 현실 속에서도 인간이 살아갈 수 있는 힘은 바로 '삶의 의미'를 발견하는 데 있다고 강조하였다. 그는 "삶에서 의미를 발견할 수 있는 한, 인간은 어떤 상황에서도 살아갈 수 있다"고 말하며,⁴ 종교야말로 그 의미를 발견하도록 돕는 가장 근원적인 통로 중 하나라고 보았다.

한편, 종교는 인간에게 도덕적인 규범을 부여하는 것에서 끝나지 않고, 이 규범이 왜 필요한지, 인간이 왜 선을 추구해야 하는지를 설명하는 궁극적 근거를 제공한다. 이는 철학자 폴 틸리히(Paul Tillich, 1886-1965)가 말했듯이, 종교가 '궁극적 관심'(ultimate concern)을 다루는 영역이기 때문이다.[5] 따라서 종교는 선을 행하라고 말하지 않고, 왜 선을 추구해야 하며 그것이 인간의 본성과 어떤 관련이 있는지를 전제하는 신학적, 존재론적 설명을 제공한다. 또한 종교적 신념은 공동체 안에서 윤리적 규범과 행동의 기준이 되며, 이 규범은 외적인 법이 아니라 내면 동기를 다루는 삶의 방식으로 작용한다. 기독교의 경우, 사랑과 정의, 자비와 용서와 같은 윤리적 가치는 하나님과의 관계 속에서 비롯되며, 인간관계의 조화를 위한 수단만이 아니다.[6]

더 나아가 종교는 인간 존재의 목적, 고난의 의미, 삶의 종착지에 대한 통합적 비전을 제시한다. 종교는 삶이 단절된 사건들의 연속이 아니라, 하나의 방향성과 목적을 지닌 여정이라는 관점을 제공한다. 이는 인간이 혼자 살아가는 존재가 아니라, 더 큰 이야기 속에 속해 있다는 자각으로 이어진다. 특히 예배와 의례, 공동체 생활을 통해 종교는 개인의 내면뿐 아니라 사회 전체에 영향을 미치며, 인간이 고립된 존재가 아니라 상호 연관된 존재임을 인식하게 만든다. 이런 점에서 종교는 인간의 정신적, 도덕적, 사회적 삶에 깊이 뿌리박혀 있으며, 현대 사회에서도 여전히 의미 있고 중요한 기능을 수행하고 있다.[7]

3. 고등종교로서의 기독교: 무엇이 다른가?

1) 기독교의 탄생과 역사적 배경

기독교는 약 2천 년 전 팔레스타인 지역에서 유대교의 전통 위에 태동하였다. 당시는 로마 제국의 지배 아래 있었으며, 다양한 종교와 철학이 혼재하는 다원적인 문화적 배경 속에서 기독교가 등장한 것이다. 기독교의 창시자는 예수 그리스도로, 그는 유대인의 메시아로 오셨다고 주장되었으며, 그의 삶과 가르침, 죽음과 부활이 새로운 신앙 공동체의 토대가 되었다. 초기에 기독교는 유대교의 한 분파로 여겨졌으나, 유대교와의 갈등 속에서 독자적인 정체성을 형성하기 시작했다.[8]

예수 그리스도의 부활 사건을 신앙 핵심으로 고백한 예수의 제자들은 복음을 전하기 위해 지중해 세계 곳곳으로 흩어졌고, 바울과 같은 사도들의 선교 활동을 통해 기독교는 유대인뿐 아니라 이방인에게까지 확대되었다. 특히 바울은 복음의 보편성을 강조하며 율법이 아닌 믿음을 통한 구원을 주장하였다. 이러한 메시지는 당시 헬레니즘 문화와 철학적 사유 속에서도 주목받았고, 다양한 계층의 사람들에게 영향을 끼쳤다. 이후 기독교는 로마 제국 전역으로 급속히 퍼져나갔으며, 313년 콘스탄티누스 황제의 밀라노 칙령(Edict of Milan)을 통해 기독교를 로마 제국 내에서 종교 자유를 공식적으로 인정받은 후, 380년에 테오도시우스 황제에 의해 로마 제국의 유일한 합법적 국가 종교가 되었다.[9]

이와 같은 확산은 단순한 종교의 전파를 넘어, 유럽 문명의 형성과 발전에 결정적인 영향을 끼쳤다. 기독교는 중세 유럽의 철학, 예술, 정치, 교육 제도 등에 지대한 영향을 주었으며, 인류 역사 전반에 걸쳐 가장 큰 영향을 끼친 종교 중 하나로 자리 잡았다. 이러한 기독교의 역사적 전개와 문화적 영향력은 종교적 사건만이 아니라, 인류 문명 자체를 형성하고 이끌어온 동력이 되었다.[10]

2) 유일신 사상과 인격적 하나님 개념

기독교는 전능하고 거룩한 유일신, 곧 '하나님'을 믿는다. 이 하나님은 멀리 떨어져서 인간과 관계하지 않는 초월적 존재가 아니라, 역사와 세계 안에서 실제로 일하시며 인간과 인격적으로 교제하시는 분으로 이해된다. 기독교가 믿는 하나님은 사랑과 정의, 거룩함과 자비의 성품을 지니고 있으며, 이 성품은 성경 전체를 통해 드러난다. 하나님은 인간을 그분의 형상대로 창조하시고, 인간의 죄로 인해 끊어진 관계를 회복하시기 위해 먼저 다가오시는 분이다. 이러한 하나님의 본성은 단순한 철학적 개념이나 추상적인 힘으로 설명되는 자연신이나 비인격적인 절대자 개념과는 뚜렷이 구별된다.

특히 기독교 신학에서는 하나님을 '아버지'로 부르는 전통이 강조되며, 이는 인간과의 친밀하고 신뢰 어린 관계를 상징한다. 예수 그리스도 역시 하나님을 "아빠, 아버지"(Abba, Father)라고 부르며 기도하셨으며(막 14:36), 이는 하나님이 인격적으로 응답하시는 존재임을 나타낸다. 이러한 개념은 기독교 신학자 밀라드 에릭슨(Millard J. Erickson, 1932-현재)의 설명에서도 잘 드러난다. 그는 하나님을 인격적 존재로 설명하면서 하나님이 사고하고, 감정과 의지를 지니며, 인간과 실제적인 관계를 맺는 존재임을 강조하였다.[11]

더 나아가, 하나님의 인격성은 신학 이론에 머물지 않고 신앙인의 삶 속에서 경험되는 구체적인 현실이기도 하다. 기독교 신자들은 기도와 말씀, 공동체 예배를 통해 하나님과 대화하며 그분의 인도하심을 따르려 한다. 이는 인간이 초월적 존재 앞에서 무력한 존재로 남는 것이 아니라, 사랑과 진리의 관계 안에서 살아가는 존재로 변화된다는 점에서 중요한 의미를 갖는다. 이러한 하나님 이해는 기독교 신앙의 중심을 이루는 동시에 다른 종교와의 중요한 신학적 차이점을 형성한다.

3) 구속사적 관점과 계시의 구조

기독교 신앙은 '계시'(revelation)를 중심 개념으로 삼는다. 하나님은 인간 지식이나 경험을 초월하는 존재이기에 인간이 하나님을 알기 위해서는 하나님이 스스로를 드러내셔야 한다. 기독교는 하나님께서 인간에게 자신의 뜻과 성품, 구원 계획을 알려주신 행위를 '계시'라고 부른다. 이 계시는 '일반 계시'와 '특별 계시'로 나뉘는데, 자연과 양심을 통해 얻는 보편적 계시가 일반 계시라면, 성경과 예수 그리스도를 통해 주어지는 구체적이고 직접적인 계시는 특별 계시에 해당한다.[12]

이러한 특별 계시는 한 번만 주어지는 것이 아니라, 인류 역사 속에서 점진적이고 유기적으로 진행되었다. 이를 '구속사적 계시'라고 부르며, 창조에서 시작해 타락, 구속, 그리고 종말의 완성으로 이어지는 큰 이야기로 구성된다. 하나님은 인간의 타락 이후에도 인류를 포기하지 않으시고, 아브라함을 부르셨으며 이스라엘을 택하셔서 구속의 역사를 진행해 가셨다. 그 절정은 예수 그리스도의 성육신과 십자가 죽음, 부활을 통해 나타났으며, 이는 성경 전체의 중심 사건으로 이해된다. 이후 교회를 통해 구속 역사가 확장되고 있으며, 최종적으로는 예수 그리스도의 재림과 하나님 나라의 완성으로 마무리될 것이다.[13]

이러한 구속사적 구조는 역사적 사건의 제시가 아니라, 하나님의 구원 계획이 시간 속에서 어떻게 드러나는지를 보여주는 신학적 틀이다. 이것이 기독교 세계관의 핵심이며, 인간의 죄와 고통, 구원과 소망이 어떻게 연결되는지를 설명해 주는 서사적 구조이다. 이 관점에서 성경을 읽는다면, 각각의 사건과 인물들이 하나의 일관된 구속 이야기 안에서 어떻게 기능하는지를 이해할 수 있게 된다.[14]

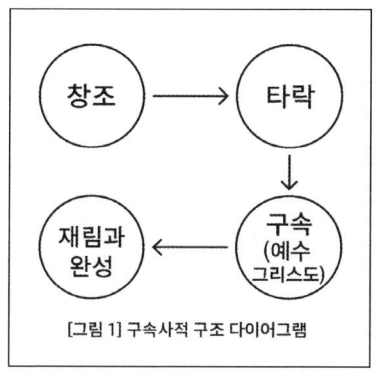

[그림 1] 구속사적 구조 다이어그램

4. 기독교의 중심 메시지: 복음과 은혜

1) 죄와 구원: 인간 조건에 대한 진단

기독교는 인간을 하나님의 형상대로 창조된 존엄한 존재로 이해한다. 이는 인간이 고등한 생명체가 아니라 하나님의 성품을 반영하고, 하나님과 인격적인 관계를 맺도록 지음받았다는 신학적 전제를 내포한다.[15] 그러나 성경은 인간이 죄를 범하면서 관계가 깨어졌다고 진단한다. 이 '죄'는 단순한 도덕적 실패나 윤리적 결함을 넘어, 인간 존재의 근본 구조가 하나님과 단절되었음을 의미한다. 즉, 죄는 존재론적 단절이며, 하나님 없는 상태에서 인간이 겪는 모든 고통과 왜곡의 근원이 된다. 이러한 단절은 내면의 불안과 공허로 나타나며, 사회적으로는 소외와 불의, 구조적 악의 형태로 드러난다.[16]

로마서 3장 23절은 "모든 사람이 죄를 범하였으매 하나님의 영광에 이르지 못하더니"라고 선언한다. 이는 인간 전체가 죄의 문제에서 자유로울 수 없음을 강조하는 말씀이다. 기독교는 이 문제를 인간의 노력이

1단원 / 기독교와 종교   19

나 윤리적 수양으로는 결코 해결할 수 없다고 본다. 왜냐하면 죄의 본질이 인간 내면의 근본적 비틀림에 있기 때문이다. 기독교는 구원을 오직 하나님의 은혜, 곧 예수 그리스도를 통한 대속적 죽음과 부활을 통해 주어지는 선물로 이해한다.[17] 인간의 자력 구원이 아니라, 전적인 하나님의 행위에 의한 타력 구원이라는 점에서 기독교의 근본 교리이자 복음의 핵심이다.

2) 예수 그리스도: 역사와 신앙의 중심

기독교 신앙 중심에는 예수 그리스도가 있다. 그는 단순한 종교적 상징이나 신화적 인물이 아니라, 역사 속에 존재했던 실존 인물이다. 예수는 1세기 팔레스타인 지역에서 활동하였고, 그의 생애와 가르침, 십자가 죽음과 부활이 기독교 신앙의 기초를 형성한다. 기독교는 그의 생애 전체를 하나님의 구속 사역의 결정적 사건으로 이해한다. 특히 예수의 죽음은 단순한 정치적 희생이나 비극적 사건이 아니라, 하나님의 계획된 구속의 절정으로 해석되며, 부활은 죽음을 이기신 하나님의 승리의 표징으로 받아들여진다.

역사학적으로도 예수의 실존은 학계에서 널리 받아들여진 사실이다. 고고학자이자 고대사 전문가인 에드윈 야마우치(Edwin Yamauchi, 1937-현재)는 비기독교 사료들을 통해 예수의 역사적 존재를 입증할 수 있음을 주장하였다. 그는 유대 역사가 요세푸스(Flavius Josephus, 37-100), 로마 역사가 타키투스(Publius Cornelius Tacitus, 56-120)와 유대인 랍비 문헌 같은 1-2세기 비기독교 문헌들을 분석하면서 예수가 실존 인물이며 십자가형을 당했다는 기록이 다수 존재함을 보여주었다.[18] 이러한 사료들은 신약성경의 증언과 일치하며, 예수에 관한 기독교 핵심 주장들이 역사적 기반을 가지고 있음을 뒷받침한다. 따라서 예수 그리스도는 신앙의 대상일 뿐만 아니라 역사 속의 실제 인물이며, 그 삶의 궤적과 영향력은 오늘까지 인류 문명에 깊은 자취를 남기고 있다. 기독교는 예수의 존재를 단순히 기억하는 것을 넘어 그의 삶과 죽음을 통해 드러난 하나님의 구속 의지를 현재의 삶 속에서 실천하고 따르는 것을 신앙의 본질로 여긴다.

3) 십자가와 부활: 기독교 신앙의 핵심

예수 그리스도의 십자가는 단순한 형벌이나 정치적 처형 사건이 아니다. 기독교 신앙은 그 십자가를 죄에 대한 하나님의 공의로운 심판이자, 동시에 인간을 향한 하나님의 무조건적인 사랑의 결정체로 해석한다. 인간의 죄는 하나님과 단절을 가져왔으며, 그 결과는 영적인 사망이었다. 그러나 하나님은 인간을 정죄만 하신 것이 아니라 독생자 예수 그리스도를 이 땅에 보내셔서 피 흘림으로 죄의 대가를 스스로 감당하셨다. 이는 인간 스스로는 결코 갚을 수 없는 죄의 값을 하나님의 은혜로 해결하신 사건이다.[19] 특히 십자가는 하나님의 사랑과 정의가 동시에 만나는 지점이다. 하나님은 죄를 미워하시며 반드시 심판하시는 분이지만, 동시에 죄인을 사랑하시며 구원하시려는 자비의 하나님이시다. 이러한 하나님의 양면적 속성은 십자가라는 방식 속에서 가장 극명하게 드러난다.[20]

그리고 예수의 부활은 육체가 다시 살아났다는 기적의 차원이 아니다. 그것은 죽음과 사망의 세력을 깨뜨리신 승리의 선언이며, 인류를 향한 새로운 생명의 시작을 알리는 사건이다. 부활은 예수 그리스도가 하나님의 아들이며, 그의 희생이 하나님께 받아들여졌다는 증거이고, 믿는 자들에게도 동일한 부활 생명이 약속된다는 소망의 근거가 된다.[21] 사도 바울은 이 십자가와 부활의 메시지야말로 기독교 복음의 중심이며, 인간의 지혜와 능력이 아니라 하나님의 능력임을 강조하였다. 그는 "우리는 십자가에 못 박힌 그리스도를 전하니 … 오직 부르심을 받은 자들에게는 그리스도는 하나님의 능력이요 하나님의 지혜니라"고 선포한다 (고전 1:23-24).

5. 기독교가 지향하는 삶: 하나님 나라를 향하여

1) 하나님 나라의 개념과 역사성

예수는 공생애 사역의 시작에서부터 하나님 나라 도래를 선포하였다. 마가복음 1장 15절에서 예수는 "때가 찼고 하나님 나라가 가까이 왔으니 회개하고 복음을 믿으라"고 선언하며, 그의 사역 전체가 하나님 나라를 중심으로 이루어졌음을 보여준다. '하나님 나라'는 죽은 후에 가는 저 너머의 공간적 천국 개념이 아니라, 이 땅에서 하나님의 주권이 회복되고 그 뜻이 이루어지는 질서와 삶의 방식, 곧 하나님 통치의 실현을 의미한다.

조지 래드(George Eldon Ladd, 1911-1982)는 그의 책에서 하나님 나라를 "하나님의 통치가 역사 속에서 실현되는 사건이며, 예수 그리스도를 통해 시작되었으나 완전한 성취는 미래에 이르게 되는 종말론적 현실"로 설명하였다.[22] 그는 하나님 나라가 이미 시작되었으나 아직 완성되지 않았다는 '이미와 아직'(not yet and already)의 긴장 속에 있다는 점을 강조하였다. 이 개념은 예수의 가르침과 행적, 그리고 초대교회의 삶에서 중심 개념으로 자리 잡는다.

예수는 병자를 고치고 귀신을 내쫓으며, 죄인을 용서하고 가난한 자에게 복음을 전함으로 하나님 나라가 어떻게 삶 속에서 구현되는지를 보여주었다. 이로써 하나님 나라는 단순한 이론이 아니라 실제적인 치유와 회복, 정의와 평화가 드러나는 현실로 제시되었다. 따라서 교회는 구원받은 자들의 모임이 아니라, 하나님 나라를 이 땅 위에서 살아내는 공동체이며, 신자는 그 나라의 백성으로 새로운 삶의 질서를 따르는 존재다. 이러한 하나님 나라의 개념은 오늘날에도 유효하다. 그리스도인은 개인의 영혼 구원에만 머무르지 않고, 사회 속에서 정의와 평화, 사랑과 생명을 실현하는 하나님 나라의 가치들을 추구해야 한다. 따라서 하나님 나라는 미래의 소망인 동시에 현재의 실천 과제이며, 이는 예수의 선포 속에 담긴 급진적이고 포괄적인 하나님의 통치에 대한 비전이다.[23]

2) 개인의 변화와 공동체적 실천

기독교는 믿음을 통한 개인의 내면적 변화뿐만 아니라 그 변화가 공동체 안에서 실질적인 윤리적 실천으로 나타나야 함을 강조한다. 복음은 개인의 구원을 넘어서 이웃과 사회를 향한 새로운 삶의 양식을 요구한다. 회개와 믿음은 삶의 방향 전환을 의미하며, 그 열매로 사랑과 정의, 용서와 화해가 구체적으로 드러나야 한다. 이러한 변화는 개인의 경건한 생활에서 끝나는 것이 아니라, 가정과 교회, 더 나아가 사회 전체로 확장된다. 존 하워드 요더(John Howard Yoedr, 1927-1997)는 『그리스도의 정치적 의미』에서 기독교 신앙은 내면의 신념이 아니라, 사회윤리를 통해 드러나는 실천적 삶이라고 지적하였다.[24]

신약성경 역시 신자의 삶이 '새 사람을 입은 자'로서 이웃과의 관계 속에서 갱신되어야 함을 강조한다. 바울은 에베소서 4장에서 분명히 말한다. "그러므로 거짓을 버리고 각각 그 이웃과 더불어 참된 것을 말하라"(엡 4:25). 이는 신앙이 교리적 동의나 감정적 열정에 그치는 것이 아니라, 삶의 구체적인 관계와 행위 속에서 드러나야 한다는 점을 의미한다. 신자는 진실, 정의, 나눔, 섬김을 통해 하나님 나라의 질서를 삶 속에서 실현해야 한다.[25]

이러한 윤리적 실천은 공동체 안에서 더욱 중요하다. 교회는 종교 조직이 아니라 하나님 나라의 모델 공동체로 기능해야 하며, 성도는 서로를 용납하고 화해하며 사랑으로 섬기는 삶을 살아야 한다. 공동체의 질서와 윤리는 하나님의 통치를 반영하며, 사회 속에서 빛과 소금 역할을 감당하게 한다. 이러한 의미에서 하나님 나라는 개인 회심에 머무르지 않고, 그 회심이 만든 새로운 삶의 질서로서 공동체적, 사회적 실천으로 확장된다.

[표 2] 하나님 나라 백성의 삶의 특징

영 역	특 징
개인	회개, 믿음, 순종
공동체	사랑, 정의, 화해
사회	책임, 봉사, 참여

3) 기독교의 사회윤리와 정의

기독교는 사회적 약자와 억눌린 자를 위한 하나님의 마음을 중요하게 여긴다. 성경은 끊임없이 고아와 과부, 이방인, 가난한 자 등 사회에서 소외되었던 이들을 향한 하나님의 특별한 관심을 강조한다. 이는 동정이 아니라 하나님의 공의에 기초한 정의의 실현으로 이해된다. 구약성경에서 아모스 선지자는 부패한 이스라엘 사회의 불의를 고발하며, 하나님이 기뻐하시는 것은 제사나 제의가 아니라 '정의와 공의'임을 선언하였다. 그는 "오직 정의를 물같이, 공의를 마르지 않는 강같이 흐르게 하라"(암 5:24)고 외치며, 하나님의 심판이 불의한 구조와 억압에 대한 응답임을 분명히 했다.

이러한 예언자적 전통은 오늘날 기독교 윤리와 신학의 중요한 근거가 되고 있다. 신학자 월터 브루그만(Walter Brueggemann, 1933-현재)은 이러한 성경적 정의의 사유를 '예언자적 상상력'(prophetic imagination)이라 이름했으며, 신자들이 현실의 억압과 불의의 구조를 넘어 하나님의 정의와 자비가 실현되는 새로운 세계를 상상하고 그 비전에 따라 행동해야 한다고 강조한다.[26] 브루그만은 예언자들이 미래를 예측하는 자가 아니라, 현실을 비판적으로 바라보고 하나님의 관점에서 재구성할 수 있는 능력을 지닌 자라고 보았다. 이러한 예언자적 시각은 오늘날 신앙인이 세상 속에서 정의와 평화를 어떻게 실천해야 하는지를 구체적으로 고민하게 만든다. 특히 신자들이 지배적 이념과 체제에 안주하지 말고, 하나님 나라의 질서를 상상하며 그 비전을 따라 살아가야 한다고 주장하였다. 이러한 관점은 교회가 단지 개인의 구원에 그치는 것이 아니라, 불의한 사회 구조를 변화시키는 데 있어 적극적으로 참여해야 함을 시사한다.[27]

따라서 기독교 신앙은 개인적인 경건에 머무르지 않고, 공적 정의와 사회적 책임을 함께 품는 통합적 신앙이어야 한다. 하나님의 정의는 고통받는 이웃을 향한 실천적 사랑 안에서 구체화되며, 교회와 신자는 이 세상 속에서 정의의 강이 흐르게 하는 통로가 되어야 한다.

6. 나가는 말: 오늘날 세계 속의 기독교 – 도전과 응답

오늘날 기독교는 세속화, 과학주의, 종교다원주의, 그리고 윤리적 혼란 같은 복합적인 도전 앞에 서 있다. 사람들은 점점 더 빠른 속도로 변하는 세상 속에서 자신의 존재 이유를 잊고 살아가며, 수많은 정보와 가치관 속에서 길을 잃고 방황한다. 하지만 기독교는 여전히 인간 존재의 본질과 삶의 궁극적인 의미를 깊이 있게 묻는 이들에게 따뜻하고도 강력한 응답을 제공할 수 있다. 그것은 단지 "무엇을 믿느냐?"는 차원이 아니라, "누구와 함께 살아가느냐?"는 질문에 대한 하나님의 사랑 어린 대답이기도 하다.

진정한 기독교는 교리나 종교 제도를 넘어 인간의 삶 전체를 아우르는 이야기이다. 그것은 창조주 하나님께서 우리를 향해 품으신 사랑의 이야기이며, 죄로 인해 깨어진 관계를 회복하시기 위해 십자가를 통해 다가오신 은혜의 이야기이다. 이 이야기는 지금도 살아 숨 쉬며, 각자의 삶 속으로 초대장을 보내고 있다. 기독교 신앙은 사랑과 진리, 정의와 소망의 삶으로 우리를 초대하며, 그 길 위에서 함께 동행하자고 손 내미시는 하나님의 초청이다. 이 초청은 "교회에 나와 예배를 드리라"는 권유를 넘어, 여러분이 누구이며 어디에서 와서 어디로 가는지를 진지하게 묻는 내면의 울림에 귀 기울이라는 하나님의 속삭임이다. 진리란 정답을 맞히는 개념이 아니라, 누군가를 만나 삶이 변하고 사랑이 시작되는 사건이다. 예수 그리스도는 바로 그 진리이며, 그분과 함께할 때 삶은 방향을 찾고, 마음은 참된 안식을 누릴 수 있다. 이 글을 통해 이 시대를 살아가는 지성인으로서 삶의 진정한 의미와 목적을 기독교 안에서 다시 생각해보는 여정을 시작할 수 있기를 기대한다.

참고문헌

골즈워디, 그레엄.『하나님의 계시와 성경적 신학』. 경기: 부흥과개혁사, 2011.
그렌츠, 스탠리.『기독교 윤리학』. 서울: IVP, 2010.
김지찬.『구속사적 성경신학』. 서울: 총신대학교출판부, 2016.
니버, 리처드.『하나님의 정의와 사랑』. 서울: 대한기독교서회, 1999.
뒤르켐, 에밀.『종교생활의 원초형태』. 서울: 문예출판사, 2001.
라이트, 톰.『예수와 하나님의 미래』. 서울: 새물결플러스, 2015.
라이트, 톰.『하나님 나라에 대하여』. 서울: IVP, 2018.
래드, 조지.『하나님 나라의 복음』. 서울: IVP, 2012.
맥그래스, 앨리스터.『기독교, 그 위험한 사상의 역사』. 서울: CUP, 2010.
맥그래스, 앨리스터.『기독교의 역사』. 서울: IVP, 2021.
바솔로뮤, 크레이그.『하나님 백성의 공적 신학』. 서울: 새물결플러스, 2017.
부버, 마틴.『나와 너』. 서울: 문예출판사, 1993.
브루그만, 월터.『예언자적 상상력』. 서울: 한국장로교출판사, 2013.
브루그만, 월터.『예언자적 설교』. 서울: 한국장로교출판사, 2015.
스토트, 존.『그리스도의 십자가』. 서울: IVP, 2011.
야마우치, 에드윈.『예수와 역사』. 서울: 기독교문서선교회, 2002.
에릭슨, 밀라드.『기독교 신학』. 서울: CLC, 2006.
오토, 루돌프.『성스러움의 의미』. 서울: 이학사, 2013.
요더, 존 하워드.『그리스도의 정치적 의미』. 서울: IVP, 2014.
이형기.『기독교의 기원과 전개』. 서울: 대한기독교서회, 2010.
트릴링, 폴.『죄와 인간의 조건』. 서울: 대한기독교서회, 2005.
틸리히, 폴.『종교의 본질』. 서울: 이문출판사, 2005.
프레임, 존 M.『조직신학』. 경기: 부흥과개혁사, 2020.
프랭클, 빅터.『죽음의 수용소에서』. 서울: 청아출판사, 2007.

2단원

성경과 인권

1. 들어가는 말

　우리는 '인권의 시대'에 살고 있다. 여성, 아동, 장애인, 이주민, 난민 등 다양한 집단의 권리에 대한 담론이 사회 전반에서 폭넓게 논의되고 있으며, 국제 사회 역시 인권을 문명사회의 기준으로 삼고 있다. 인권은 법률적 권리를 넘어 인간의 존엄성과 가치에 대한 총체적인 윤리적 기준으로 판단된다. 대학생인 우리는 이러한 흐름 속에서 '인권'이라는 주제를 시대적 트렌드가 아닌, 지성인으로서 깊이 있는 성찰과 실천이 요구되는 주제로 인식해야 한다.

　동시에 인류 역사상 가장 널리 읽히고 연구되는 경전 가운데 하나인 '성경'에 대해 주목할 필요가 있다. 성경은 종교인의 믿음을 위한 책이 아니라, 서구 문명의 기초를 이루었고 윤리, 법, 정치, 문학, 예술 등 여러 영역에 깊은 영향을 미친 책이다. 무엇보다 성경은 인간이 누구이며, 어떻게 살아가야 하는지를 가장 근원적으로 질문하는 책이다. "모든 인간은 하나님의 형상대로 지음 받았다"는 성경의 선언은 인간의 존엄성에 대한 가장 강력하고 포괄적인 선언이며, 오늘날 인권 담론의 철학적 근거로 충분히 조명될 수 있다.

　그러나 현대의 인권 담론이 기독교 신앙, 특히 성경의 전통적 가치관과 충돌하거나 거리감을 드러내는 경우도 존재한다. 안락사, 낙태, 사형제도 등 여러 쟁점은 때로 신앙과 인권 사이의 긴장을 만들어낸다. 그럴 때일수록 우리는 '성경이 말하는 인간다움'이 무엇이며, '인권'이라는 이름으로 추구하는 가치들이 성경적 인간관과 얼마나 대화 가능한지를 진지하게 성찰할 필요가 있다. 지성인으로서 그리고 한국 사회의 미래를 형성해 나갈 세대로서, 우리는 성경과 인권을 각각의 울타리 속에 가두지 않고, 열린 대화와 해석을 통해 서로를 비추는 지혜를 배워야 한다. 따라서 이 글에서는 성경을 통해 인권의 기초와 발전을 살펴보고, 지성인으로서 감당해야 할 사회적 책임과 실천의 방향을 조명하려고 한다.

2. 성경은 어떤 책인가?

모든 종교에는 가르침과 신앙 핵심을 담고 있는 성스러운 문헌, 즉 경전이 존재하며, 이는 신자들이 삶의 방향을 잡고 윤리적 판단을 내리는 기준이 된다.[28] 기독교에서 성경은 이러한 종교적 권위의 상징으로 하나님께서 인류에게 주신 말씀을 기록한 책으로 여기고 있다. 따라서 성경은 기독교 신앙의 기초이자 중심이 되는 경전으로, 예배 때 읽는 경건서가 아니라 하나님의 계시와 인간의 응답이 담긴 신앙의 정경(canon)이다.[29]

성경은 인간과 하나님과의 관계, 인간 존재의 본질과 목적, 정의와 윤리, 구원의 메시지, 그리고 공동체 삶의 이상을 담고 있으며, 인류 역사의 흐름 속에서 수많은 사람들에게 삶의 방향성과 궁극적 의미를 제시해왔다.[30] 이는 고대 문서나 도덕적 교훈이 아니라, 현재에도 살아있는 하나님의 음성으로 받아들여진다. 이러한 의미에서 성경은 기독교 신자들에게 단순한 책이 아닌 삶 전체를 비추는 영적 나침반이며, 신앙 공동체를 형성하고 유지시키는 중심축이라 할 수 있다.

모두 66권으로 구성된 성경은 구약성경 39권과 신약성경 27권으로 나뉘며, 이는 약 1,500년 동안 40여 명의 저자에 의해 다양한 장소와 다른 문화적 배경 속에서 기록되었다.[31] 그럼에도 성경 전체는 일관된 구속사적 메시지를 중심으로 통일성을 지니며, 창조에서부터 새 하늘과 새 땅에 이르는 하나님의 구원 역사를 관통하고 있다.

특별히 성경은 문학적으로도 다양성과 깊이를 자랑한다. 역사서, 법률서, 시가서, 예언서, 복음서, 서신, 묵시문학 등 다른 장르의 글들이 성경을 구성하고 있으며, 이를 통해 독자는 신앙뿐 아니라 인간의 고통과 희망, 실패, 구원의 드라마를 전인격적으로 경험할 수 있다.[32] 예컨대 시편은 기쁨과 탄식이 교차하는 시적 기도문이며, 복음서는 한 인간으로 오신 하나님의 아들 예수의 삶과 가르침을 보여주는 생생한 전기다.

[표 1] 성경의 일반 개요

구분	권수	구성 장르	대표 주제
구약성경	39권	율법서, 역사서, 시가서, 예언서	창조, 율법, 이스라엘 역사, 예언, 희망
신약성경	27권	복음서, 역사서, 서신서, 묵시문학	예수의 생애, 교회 형성, 구원, 종말

이러한 성경은 기독교만의 경전이 아니라 서양 문명 전반에 지대한 영향을 미친 문화적 기반이 되었다. 서양 윤리의 핵심 개념인 인간의 존엄성과 책임, 자유와 정의는 성경의 가르침에서 유래했다.[33] 예컨대, "하나님의 형상"(창 1:27)이라는 구절은 인간이 본래부터 존엄한 존재임을 선언함으로 서구 인권 사상과 자연법 개념의 철학적 기초를 제공하였

다.[34] 또한 "네 이웃을 네 자신과 같이 사랑하라"(레 19:18; 마 22:39)는 윤리는 타인을 이해하고 존중하는 인격적 관계의 규범으로 자리 잡아 현대의 인권 담론과 복지사회 정책의 윤리적 근거가 되었다.

법률적 영역에서는 '십계명'(출애굽기 20장)이 서구 법의 도덕적 기반이 되었으며, "거짓 증거하지 말라", "살인하지 말라" 등은 오늘날의 형법과 재판 제도의 기초 개념으로 작용하였다. 철학적으로는 아우구스티누스(Aurelius Augustinus, 354-430), 아퀴나스(Thomas Aquinas, 1224-1274), 칸트(Immanuel Kant, 1724-1804) 등 주요 사상가들이 성경에서 인간의 목적, 자유, 선의지 개념을 발전시켰으며,[35] 문학에서는 단테(Dante Alighieri, 1265-1321)『신곡』, 밀턴(John Milton, 1608-1674)『실낙원』, 톨스토이(Leo Tolstoy, 1828-1910)『부활』 등 수많은 명작이 성경적 주제와 구조에서 영감을 받았다. 예술과 음악에서는 미켈란젤로(Michelangelo Buonarroti, 1475-1564)의 시스틴 채플 벽화, 바흐(Johann Sebastian Bach, 1685-1750)의 칸타타, 헨델(Georg Friedrich Handel, 1685-1759)의『메시아』 등 성경이 전하는 이야기와 신학적 메시지가 미의 형상으로 승화되었다.[36]

[표 2] 성경이 서구 문명에 끼친 영향 요약

분야	성경의 영향 예시
윤리	인간 존엄, 이웃 사랑, 정의와 책임
법률	십계명 → 자연법 사상 → 현대 형법의 원형
철학	형상 개념 → 인간 목적론, 자유의지, 양심의 자유
문학	단테, 셰익스피어, 밀턴, 도스토예프스키 작품의 신학적 구조
예술	미켈란젤로의 천지창조, 레오나르도 다빈치의 최후의 만찬
음악	바흐, 헨델, 모차르트의 종교음악, 시편 중심 작곡

한편, 모든 종교에는 각 종교의 가르침과 신앙 핵심을 담고 있는 성스러운 문헌, 즉 경전이 존재하며, 이는 신자들이 삶의 방향을 잡고 윤리적 판단을 내리는 기준이 된다. 기독교에서의 성경은 바로 그러한 종교적 권위의 상징으로 하나님께서 인류에게 주신 말씀을 기록한 책으로 여겨진다.

1) 구약성경이란?

구약성경은 기원전 약 1400년부터 기원전 400년 사이에 다양한 저자들에 의해 기록된 문서로 대부분 히브리어로 쓰였으며, 유대 민족의 신앙, 역사, 율법, 예배, 지혜와 예언을 담고 있다. 이 문서들은 고대 종교 문서가 아니라, 당시의 정치적·사회적·윤리적 삶 전반을 아우르는 인간과 하나님과의 관계에 대한 기록이다. 구약은 오랜 세월동안 점진적으로 형성되었으며, 하나님께서 이스라엘 공동체를 통해 온 인류를 향한 구속의 계획을 어떻게 펼쳐 가셨는지를 드러낸다.[37]

이러한 구약성경은 같은 네 가지 범주로 나뉘며, 각 범주는 독특한 형식과 메시지를 지닌다:

- **율법서(모세오경)**: 창세기, 출애굽기, 레위기, 민수기, 신명기. 이 다섯 권은 세상의 창조와 인간의 타락, 하나님의 언약과 구원 계획, 이스라엘 민족의 출애굽과 율법 수여 과정을 중심으로 구성된다. 특히 출애굽기의 '십계명'(출 20장)은 이후 서구 윤리와 법률 전통의 기초가 되었다.[38]

- **역사서**: 여호수아에서 에스더까지의 책들은 이스라엘 민족의 가나

안 정복, 사사 시대, 사울·다윗·솔로몬의 통일 왕국, 분열 왕국과 멸망, 바벨론 포로와 귀환까지 역사를 다룬다. 이 책들은 연대기적 기록이 아니라, 하나님의 섭리 속에서 인간의 불순종과 회복의 반복을 보여준다.[39]

- **시가서 및 지혜서:** 욥기, 시편, 잠언, 전도서, 아가는 고난과 회복, 경건한 삶, 지혜의 가치, 사랑의 본질 등을 시적 언어와 철학적 성찰로 표현한다. 특히 시편은 다양한 삶의 정황 속에서 드리는 기도문과 찬양으로, 현재에도 예배와 묵상에 널리 활용된다.[40]

- **예언서:** 이사야부터 말라기까지 예언자들은 하나님의 말씀을 대언하여 사회의 불의, 우상숭배, 형식적 예배를 책망하고, 심판과 회복, 그리고 궁극적인 메시아 도래를 선포한다. 이사야서의 "공의로우신 하나님"(사 30:18)은 성경 전체의 정의 개념의 중심을 형성한다.[41]

구약성경은 고대 유대 민족의 경전이 아니라, 인간 존재의 본질과 공동체 삶의 윤리를 성찰하게 하는 인류 보편적 고전이다. 이 책은 창조에서 시작해 종말의 희망에 이르기까지, 하나님의 창조 목적, 인간의 타락, 하나님과의 언약, 구속과 회복의 드라마를 서술한다. 하나님은 인간을 하나님의 형상대로 창조하셨고(창 1:27), 인간은 이 땅에서 하나님의 대리자로 정의와 자비를 실천하며 살아가는 존재로 부름받는다. 그러나 인간의 타락으로 죄와 불의가 세상에 들어왔고, 하나님은 아브라함과의 언약(창 12장)을 시작으로 이스라엘이라는 공동체를 세우시고, 율법과 예언을 통해 정의와 거룩함으로 인도하신다. 이 흐름 속에서 구약은 반복적으로 하나님께서 약자를 돌보시는 정의의 하나님이심을 증언하며(신 10:18; 이 1:17), 인간에게 윤리적 책임과 공동체 정의의 실현을 요청한다. 구약성경 전체는 하나님의 거룩함과 언약의 신실함 속에서 인간의 자유와 책임, 정의와 자비의 조화를 강조하며, 오늘날의 인권 담론과도 깊은 철학적·윤리적 대화를 가능하게 한다.

2) 신약성경이란?

신약성경은 예수 그리스도의 탄생과 삶, 십자가의 죽음과 부활을 중심으로 그분의 가르침과 그것을 따르는 공동체인 교회의 시작과 확장을 기록한 책이다. 27권으로 이루어진 신약성경은 기원후 50년경부터 100년 사이에 헬라어로 기록되었으며, 당시 그리스-로마 문화권에 살던 다양한 신앙 공동체에게 보편적으로 읽히고 받아들여졌다.[42]

신약은 크게 네 가지 범주로 나뉜다:

- **복음서(마태, 마가, 누가, 요한)**: 예수님의 생애, 기적, 가르침, 십자가의 죽음과 부활을 중심으로 기록되어 있으며, 각각의 복음서는 예수의 정체성과 사명을 다른 관점에서 조명한다. 예를 들어, 마태복음은 유대인 독자들을 위해 예수를 메시아로 강조하고, 요한복음은 예수의 신성을 집중 조명한다.[43]

- **역사서(사도행전)**: 누가복음의 저자가 기록한 이 책은 성령 강림 이후 초대교회가 어떻게 세워지고 확장되었는지를 보여준다. 베드로와 바울의 사역을 중심으로 한 이 책은 교회의 선교적 정체성과 공동체 정신을 강조한다.[44]

- **서신서**: 바울을 비롯한 사도들이 교회나 개인에게 보낸 편지로, 로마서부터 유다서까지 다양한 교리적, 윤리적 문제에 대한 가르침을 담고 있다. 이 편지들은 초기 기독교 공동체 내의 신앙고백, 인간관계, 사회적 책임과 인권 의식을 형성하는 데 핵심적인 문서들이다.[45]

- **묵시문학(요한계시록)**: 상징과 환상을 통해 기록된 이 책은 로마제국의 박해 가운데 있는 성도들에게 소망과 위로를 전하며, 궁극적인 하나님의 승리와 하나님 나라의 완성을 선포한다.[46]

한편, 신약성경은 종교적 기록을 넘어 하나님의 사랑과 용서, 은혜와 구원이 인간 안에서 어떻게 실현되는지를 드러내는 생명의 책이다.[47]

복음서에 기록된 예수의 생애는 한 위인의 윤리적 모범이 아니라, 인간 존재의 본질과 그 회복에 대한 하나님의 적극적인 개입을 보여주는 이야기다. 예수께서는 사회에서 소외되었던 가난한 자, 병든 자, 여성, 어린이, 세리, 이방인 등과 교제하시며 그들을 회복시키셨고, 이를 통해 모든 인간이 하나님의 사랑을 받을 가치 있는 존재임을 드러내셨다(눅 4:18; 요 4장 참조).[48]

예수의 가르침은 '사랑'과 '용서', '하나님 나라의 정의'에 집중되며, 제자들에게는 "서로 종이 되라"(마 20:26-28), "네 원수를 사랑하라"(마 5:44)와 같은 급진적인 윤리를 제시하셨다. 이러한 가르침은 기존 사회 질서를 무너뜨리며 인간 존엄성과 평등, 공동체적 연대를 강조하는 윤리 체계의 핵심이 되었다.[49] 예수는 강한 자의 편이 아니라 약한 자의 친구가 되셨고, 종교적 위선자보다는 회개하는 죄인을 더 가까이 하셨다. 특히 "그리스도 안에서는 남자나 여자나, 종이나 자유인이나 차별이 없다"(갈 3:28)는 바울의 선언은 고대 사회의 위계질서를 해체하는 혁명적인 발언으로, 초기 기독교 공동체 내에서 실질적인 인권 평등의 기초를 놓았다.[50] 이는 종교적 선언만이 아니라, 인류 역사에서 처음으로 계층, 인종, 성별을 초월하는 공동체 비전을 제시한 것이다. 그리스도인의 정체성은 사회적 조건이 아니라 '그리스도와 연합된 존재'에서 비롯된다는 이 신학은 오늘날의 인권 개념 —자유, 존엄, 연대, 책임— 과 본질적으로 맞닿아 있다.

신약성경은 이처럼 공동체와 인류를 향한 하나님의 궁극적인 회복 의지를 보여주며, 그 회복은 영혼의 구원만이 아니라, 이 땅에서의 정의, 평화, 사랑의 공동체를 포함한다.[51] 따라서 신약성경은 오늘 우리가 추구하는 인권과 사회 정의의 가치들을 신앙 안에서 깊이 있게 사유하고 실천하도록 이끈다.

3. 성경을 통해 보는 인권

성경은 종교적인 교훈을 전하는 책이 아니라, 인간 존재의 본질과 공동체 삶의 방향성을 제시하는 책이다. 성경 안에는 인간이 왜 존귀한 존재인지, 사람들 사이의 관계는 어떠해야 하는지, 사회와 공동체는 어떻게 정의와 평화를 이루어야 하는지에 대한 풍부한 통찰이 담겨 있다. 특히 창세기 1장 27절에서 말하듯, 모든 인간은 하나님의 형상대로 창조되었다는 신학적 전제는 인간의 고유한 존엄성과 동등한 가치를 강력하게 뒷받침한다.[52]

구약에서는 율법과 예언을 통해 공동체 내에서의 공정함과 약자 보호를 강조한다. 신명기 10장 18절은 고아와 과부를 위해 정의를 행하시는 하나님을 묘사하며, 사회적 약자에 대한 보호가 윤리 명령이 아니라 하나님의 성품에 근거한 것임을 보여준다.[53] 신약에서는 예수 그리스도의 삶과 가르침을 통해 사랑과 연대, 회복과 용서의 윤리를 중심으로 인권의 실제적 실현을 보여준다. 예수는 가난한 자, 병든 자, 죄인, 여인 등 사회적 약자들과 함께하시며, 하나님의 사랑은 누구에게나 열려 있음을 드러내셨다.[54]

이 장에서는 성경이 어떻게 인권의 토대가 되는지, 그리고 오늘날 우리가 중요하게 여기는 인권 개념들 —인간 존엄성, 평등, 자유, 책임, 연대 등— 이 성경 안에서 어떤 모습으로 드러나는지를 네 가지 중심 주제를 통해 살펴보겠다.

1) 하나님의 형상대로 지음 받은 인간

창세기 1장 26-27절은 인간이 하나님의 형상대로 창조되었음을 선언한다. 이 구절은 인간이 생물학적 존재나 사회적 구성원이 아니라, 신적 기원을 지닌 고귀한 존재라는 점을 강조한다. '하나님의 형상'(Imago Dei)이라는 표현은 전통적으로 인간의 도덕적 감수성, 영적 직관, 창조성, 공동체 지향성 등을 포함하는 개념으로 해석되었다.[55] 이는 인간이 스스로의 생명뿐 아니라 타인의 생명과 존엄을 존중할 책임을 지닌다는 윤리적 근거로 이어진다.

하나님의 형상은 인간이 세상에서 하나님의 대리자로 창조 질서를 돌보고, 다른 존재들과의 관계 속에서 사랑과 정의를 실천하도록 부름 받았음을 의미한다. 이러한 이해는 오늘날의 인권 선언, 특히 『세계인권선언』(1948) 제1조 —"모든 인간은 태어날 때부터 자유롭고 존엄하며 권리에 있어 평등하다"— 의 핵심 사상과 깊은 연관이 있다. 즉 인간이 태어날 때부터 어떤 조건이나 소유와 상관없이 존엄성과 권리를 지닌 존재라는 기독교적 인류 이해와 맥을 같이 한다.

[표 3] '하나님의 형상'이 갖는 인권적 의미

성경적 개념	현대 인권 개념의 대응 표현	설 명
하나님의 형상	인간의 존엄성	누구나 태생적으로 고유한 가치를 지닌 존재로 간주됨
통치권 위임	책임 있는 자유	자유는 방종이 아니라 타인을 위한 책임 있는 실천으로 이해됨
관계적 존재	공동체적 연대	인간은 본질적으로 관계적 존재이며, 타인과의 상호 책임을 전제로 함
창조적 역량	자기결정권, 표현의 자유	인간은 창조적 주체로서 자기 삶에 대한 결정권과 표현의 권리를 지님

이처럼 '하나님의 형상'은 신학적 개념이 아니라, 인권의 철학적·윤리적 토대를 제공하는 핵심 진술로 해석될 수 있다. 기독교는 인간의 본성과 사회적 책임, 그리고 정의의 실천을 '하나님의 형상' 개념 속에 담아내며, 이를 통해 누구도 차별받지 않는 평등한 사회를 위한 신앙적 기반을 제공한다.

2) 구약의 정의와 공의: 이웃 사랑과 사회 정의

구약의 율법은 종교적 규범을 넘어 공동체 안에서 정의와 공의를 실현하기 위한 구체적인 사회적 지침을 제공한다. 출애굽기 23장 6-9절에서는 재판에서 가난한 자의 권리를 억압하지 말고, 고의로 억울하게 하지 말며, 뇌물을 받지 말라는 명령이 반복된다. 레위기 19장 15절에서도 재판에서 부자라고 편들지 말고, 가난하다고 동정하지 말며 오직 공정한 판결을 하라고 말한다. 신명기 24장 14-22절에서는 품꾼, 과부, 고아, 나그네와 같은 사회적 약자들의 권리를 구체적으로 보호하라고 명령하며, 품삯을 제 때에 주고 이삭을 다 거두지 말고 일부러 남겨두라고 말한다. 이러한 조항들은 경제적 약자와 소수자를 위한 배려가 율법 속에 내재되어 있음을 보여준다.[56]

이러한 율법 조항들은 도덕적 이상이 아니라, 실제로 이스라엘 사회에서 제도적 장치를 통해 인권을 보호하고 구현하려는 실천적 지향이 담긴 것이다. 현대 인권 담론에서 중요하게 여기는 '사회적 약자 보호'나 '경제적 정의', '공정한 재판 절차' 등의 가치와 매우 유사하다. 이는 성경이 인권의 선구적 원칙을 수천 년 전에 제시하고 있다는 것을 보여준다. 예언자들은 정의가 무너진 사회에 대해 하나님의 분명한 심판을 선포하며, 회개와 정의의 실천을 촉구했다. 이사야 1장 17절은 "선을 배우며 정의를 구하며 학대받는 자를 도우라"고 명령하며, 정의의 학습과 약자 보호가 신앙인의 삶의 중심임을 선언한다. 미가서 6장 8절 역시 "사람아 주께서 선한 것이 무엇임을 네게 보이셨나니 오직 정의를 행하며 인애를 사랑하며 겸손히 네 하나님과 함께 행하는 것이 아니냐"라고 하며, 정의, 사랑, 겸손이라는 세 가지 덕목을 하나님이 요구하시는 삶의 방식으로 제시한다. 이러한 메시지는 종교적 차원이 아니라, 정치적·사회적 영역에서 정의와 인권을 어떻게 구현할지를 고민하게 만든다.[57]

3) 예수 그리스도와 인권: 약자 보호와 사랑의 윤리

예수 그리스도는 고대 유대 사회에서 체계적으로 배제되던 이들과의 직접적인 접촉과 회복의 행동을 통해 인간 존엄의 본질을 실천하셨다.

마태복음 8장에서는 나병환자, 백부장의 하인, 베드로의 장모 등 사회적 약자들이 예수의 손을 통해 치유되고 존엄을 회복한다. 마가복음 5장에는 귀신 들린 자와 혈루증을 앓는 여인이 등장하는데, 예수께서는 이들을 병든 자로 보지 않고, 하나님 나라의 회복을 받아야 할 소중한 존재로 받아들이셨다. 요한복음 4장에서는 사마리아 여인과의 대화를 통해, 유대인과 사마리아인 사이의 민족적·종교적 장벽, 남녀 성별의 벽을 넘어서시는 예수의 포용적 윤리를 볼 수 있다. 이러한 장면은 개인의 병 낫는 이야기나 기적 사건이 아니라, 사회적 배제 속에서 고통받던 이들이 공동체의 품 안으로 회복되는 인권적 서사다. 예수는 치유자가 아니라, 사회적 경계선을 무너뜨리고 정의와 회복의 길을 여신 존재였다.[58]

특히 마태복음 5-7장의 산상수훈은 예수 윤리의 핵심을 이루며, "심령이 가난한 자", "의에 주리고 목마른 자", "긍휼히 여기는 자", "화평하게 하는 자" 등 내면의 성품과 공동체적 책임을 강조한다. 이러한 '복'은 도덕적 미덕을 찬양하는 데 그치지 않고, 로마 식민지 아래 신음하던 이스라엘 백성에게 새로운 사회적 비전과 공동체 이상을 선포한 것이었다. 이 가르침은 오늘날 법적 권리 개념을 넘어선 윤리적 인권 감수성과 공동선의 실천에 깊이 통한다.

4) 인권의 역사: 서구 인권 사상의 기원과 발전

서구 사회에서의 인권 개념은 단절적 사건의 산물이 아니라, 수세기에 걸쳐 진행된 신학, 철학, 정치 사상의 상호작용 속에서 형성되었다. 특히 기독교적 인간관 —모든 인간이 하나님의 형상으로 창조되었고, 양심과 이성을 지닌 존엄한 존재라는 이해— 는 서구 인권 사상의 밑바탕을 형성하였다.[59]

스콜라 철학자 토마스 아퀴나스는 『신학대전』에서 '영원법'(lex aeterna)으로서 하나님의 질서가 '자연법'(lex naturalis)을 통해 인간 사회에 적용된다고 설명하였다. 그는 인간이 하나님으로부터 부여받은 이성과 양심을 통해 선과 악을 분별할 수 있으며, 이는 법과 도덕의 보편적 기초가 된다고 주장하였다.[60] 이러한 자연법 사상이 인권 개념의 철학적 토대를 제공하였다. 종교개혁기에는 마르틴 루터가 '만인 제사장' 사상을 통해 인간의 존엄성과 개별 신앙의 자유를 강조했으며, 쟝 칼뱅은 신정론을 통해 하나님 앞에서의 평등과 공동체적 책임을 부각시켰다. 이러한 신학적 흐름은 절대 권력에 대한 저항과 개인 권리 의식의 발달에 중요한 영향을 미쳤다.

이후 계몽주의 시대에는 존 로크(John Locke, 1632-1704), 장 자크 루소(Jean-Jacques Rousseau, 1712-1778), 존 스튜어트 밀(John Stuart Mill, 1806-1873) 등 다양한 정치 철학자들이 자연권 사상과 사회계약 이론을 발전시켜, 생명, 자유, 재산권, 행복 추구 등의 기본권을 강조하였다. 특히 로크는 "인간은 태어날 때부터 자유롭고 평등하며, 생명과 재산은 불가침의 권리"라고 주장했으며,[61] 이러한 사상은 미국 독립선언과 프랑스 인권선언, 그리고 현대 민주주의 헌법에 직접적인 영향을 끼쳤다.

특히 미국의 『독립 선언서』(Declaration of Independence, 1776)는 "모든 사람은 평등하게 창조되었으며, 그들은 창조주로부터 생명, 자유, 그리고 행복을 추구할 권리를 부여받았다"고 천명함으로써, 성경에 나타난 인간의 평등성과 창조 질서의 신학적 원리를 직접적으로 반영하였다. 미국의 제3대 대통령(1801-1809)이며, 『미국 독립 선언서』의 주요 기초 문안을 작성한 토마스 제퍼슨(Thomas Jefferson, 1743-1826)은 이 문장을 작성할 당시 로크의 사상뿐 아니라, 인간이 하나님의 형상대로 창조되었다는 성경의 인간관에서 영감을 받았다고 평가된다.[62] 이러한 선언은 이후 미국 헌법과 민주주의 제도 전반에 뿌리를 내렸으며, 인권을 "신으로부터 부여된 불가침의 권리"로 규정함으로써, 성경이 현대 민주주의 윤리와 제도 형성에 실질적으로 기여했음을 보여준다.[63]

이러한 철학적 전통은 1948년 유엔 세계 인권 선언(Universal Declaration of Human Rights)에서 그 절정을 맞는다. 선언 제1조는 "모든 인간은 태어날 때부터 자유롭고 존엄하며 권리에 있어 평등하다"고 선언하고 있으며, 이는 창세기 1장 27절에서 언급된 '하나님의 형상' 개념과 근본적으로 상응한다. 즉, 인간의 존엄과 권리는 단지 사회적 합의나 국가의 법률에 의해 주어지는 것이 아니라, 신적 기원과 윤리적 본질에 근거한 것임을 보여준다.[64]

[표 4] 서구 인권 사상의 발전과 성경적 인간관의 연관성

시대	대표 인물/사상	인권 개념	성경과의 연관성
고대	스토아 철학, 초기 교부들	자연법, 보편 이성	하나님의 형상, 인간 내면의 도덕 이성
중세	토마스 아퀴나스	자연법, 양심의 판단	영원법 → 자연법, 인간의 도덕 직관
종교 개혁	루터, 칼뱅	신앙 자유, 개인 자율성	만인 제사장론, 성경 해석의 자율성
계몽 주의	로크, 루소, 밀	생명권, 재산권, 자유권	개인 존엄의 성경적 기초, 창조의 질서
현대	UN 세계인권 선언	인간 존엄, 자유, 평등	창세기 1:27 '하나님의 형상' 개념의 재확인

4. 대화를 위한 제언: 신앙과 인권의 상호 변증

기독교는 때로 전통적 윤리관으로 현대 인권 담론과 충돌하는 것처럼 보인다. 낙태의 합법화, 사형제도 폐지와 같은 논쟁적 주제는 교회와 사회 간의 입장 차이를 분명히 드러낸다. 기독교는 '인권의 적'이 아니라, 오히려 인권의 가장 깊은 기초를 제공하는 사상 체계를 갖고 있다. 인간이 하나님의 형상(Imago Dei)으로 창조되었다는 신앙은 인간 존엄성의 최고 근거이며, 인간의 자유와 양심, 공동체 내 책임의식 역시 성경적 인간관에 기초한 것이다.

김회권은 "기독교의 인간 이해는 인간에게 무제한적 자유를 주는 것이 아니라, 하나님 앞에서의 책임 있는 자유를 부여한다"고 말한다. 예를 들어, 낙태 문제의 경우, 기독교는 생명을 하나님께 속한 거룩한 선물로 이해하기 때문에 태아의 생명을 보호하려는 입장을 견지한다. 이는 단지 도덕주의적 주장이 아니라, 생명권을 가장 근원적으로 옹호하는 입장이다. 반면, 세속 인권 담론은 여성의 자기결정권에 무게를 둔다. 이때 교회는 반대를 외칠 것이 아니라, 고통 속에 있는 여성과 생명을 함께 보호하고 돌보는 공동체적 대안을 제시해야 한다.[65]

이처럼 기독교는 성경의 진리를 고수하면서도 현대 사회의 다양한 인권 논의에 대해 공감과 경청, 설득과 책임의 자세로 응답해야 한다. 신앙과 인권은 필연적으로 긴장을 내포하지만, 그것은 서로를 배제하는 관계가 아니라, 서로를 조명하고 견인하는 상호 변증의 관계다.

5. 나가는 말

우리는 '하나님의 형상'이라는 성경의 근본적 인간 이해 속에서 인권의 출발점을 찾는다. 구약과 신약을 아우르는 성경 전체는 정의와 공의, 사랑과 섬김, 자유와 책임이라는 핵심 가치들을 제시하며, 오늘의 인권 개념과 깊은 연관을 갖는다.

우리는 스스로에게 물어야 한다. 나는 성경이라는 경전에 대해 어떤 자세를 가지고 있는가? 그것을 단지 종교인의 책으로 한정하여 배제하고 있는 것은 아닌가? 혹은 고대인의 윤리로만 폄하하고 있지는 않은가? 성경은 인류의 가장 오랜 도덕적 상상력과 윤리적 질문이 담긴 기록이다. 대학이라는 지성의 공간에서 우리는 이러한 경전을 열린 마음과 비판적 사유로 마주할 필요가 있다.

또한 인권이라는 개념에 대해서도 다시금 질문해야 한다. 나는 인권을 나 자신의 권리로만 이해하고 있지 않은가? 타인의 고통에 무감각한 채, 내 권리만 외치지는 않은가? 성경은 권리 이전에 책임을, 자유 이전에 사랑을 말한다. 그리스도인이 바라보는 인권은 단지 개인의 자유에 머무르지 않고, 공동체를 세우고 서로를 살리는 윤리적 책임으로 이어져야 한다. 그런 점에서 성경과 인권을 대립이 아닌 조화의 관점으로 바라보고, 삶 속에서 실천적 대안을 제시할 수 있는 지성과 신앙, 자유와 책임이 함께 어우러진 인격적 성숙을 갖춘 사회 지성인으로 성장하기를 바란다.

참고문헌

김회권.『하나님 나라 신학으로 읽는 성경』. 서울: 새물결플러스, 2016.
라이트, 톰.『모든 사람을 위한 신약성경 이야기』. 서울: IVP, 2011.
라이트,.『모든 사람을 위한 마태복음』. 서울: IVP, 2011.
라이트, 크리스토퍼.『하나님 백성의 윤리』. 서울: IVP, 2013.
맥그래스, 알리스터.『하나님을 아는 지식』. 서울: CUP, 2007.
맥나이트, 스캇.『예수의 공동체 윤리』. 서울: 새물결플러스, 2016.
메치거, 브루스.『신약성서 개론』. 서울: 대한기독교서회, 2002.
메츠거, .『성경의 정경』. 서울: 한국신학연구소, 1992.
보컴, 리처드.『요한계시록 신학』. 서울: 새물결플러스, 2017.
브루그만, 월터.『예언자적 상상력』. 서울: IVP, 2008.
브루그만.『정의로서의 하나님 나라』. 서울: 새물결플러스, 2014.
블롬버그, 크레이그.『예수의 사회적 메시지』. 서울: 성서유니온, 2015.
스미스, 휴스턴.『종교의 세계』. 서울: 민음사, 2005.
월터스토프, 니콜라스.『정의와 사랑』. 서울: IVP, 2010.
이한영.『구약신학의 이해』. 서울: 장로교출판사, 2017.
재커라이어스, 라비 외.『하나님, 정의, 인권』. 서울: 아바서원, 2017.
테일러, 찰스.『자아의 원천』. 서울: 새물결플러스, 2021.
피, 고든 D. & 더글러스 스튜어트.『하나님의 말씀을 어떻게 읽을 것인가』. 서울: IVP, 2004.
피, 고든.『성경, 어떻게 읽을 것인가』. 서울: 성서유니온, 2012.
카스, 레온.『창세기 강해』. 서울: 비아토르, 2018.
홍정수.『음악과 기독교』. 서울: 예솔, 2013.
Aquinas, Thomas. *Summa Theologiae*. II-I, Q.94, Art.2.
Brueggemann, Walter. *The Prophetic Imagination*. Fortress Press, 2001.
Crenshaw, James L. *Old Testament Wisdom*. Westminster John Knox Press, 2010.
Keener, Craig. *The IVP Bible Background Commentary: New Testament*. IVP Academic, 2014.

Locke, John. *Two Treatises of Government*. Cambridge University Press, 1988.

Waltke, Bruce. *An Old Testament Theology*. Zondervan, 2007.

Wolterstorff, Nicholas. *Justice: Rights and Wrongs*. Princeton University Press, 2008.

Wright, N. T. 『예수와 하나님의 승리』. 서울: 비아토르, 2020.

3단원

기독교 윤리란 무엇인가?

1. 윤리와 윤리학

우리는 살면서 언제나 나의 삶과 행동을 판단해야 할 때를 만난다. 예를 들면 버스를 탔을 때 어른에게 자리를 양보해야 할 것인지, 아니면 온종일 나름대로 피곤에 지친 몸을 잠시라도 자리에 기대어 편안하게 갈 것인지를 판단해야 한다. 또는 직업을 선택을 할 때에 사람들에게 유익을 주는 직업을 선택할 것인지, 아니면 후일을 위해 돈을 많이 벌 수 있는 직업을 선택할 것인지를 판단해야 한다. 그리고 결혼에 있어서도 부모님 의견과 상관없이 무조건 내가 좋아하는 사람과 결혼할 것인지, 아니면 물론 나도 좋아야 하겠지만 부모님이 허락하는 사람과 결혼할 것인지를 판단해야 한다.

나는 커피를 좋아한다. 그런데 한번은 커피농장에 관한 영상을 보았다. 커피는 자동화시설에서 만들어지는 것이 아니라. 아주 적은 임금을 받는 노동자들이 강도가 높은 노동의 고통과 열악한 작업 현장에서 생산되고 있었다. 그 이야기를 들은 이후로 나는 쉽게 커피를 마실 수가 없었다. "내 기호를 따라 행동할 것인가? 커피농장의 노동자들을 생각할 것인가?" 이런 식으로 우리는 수많은 일들 앞에서 판단을 해야만 한다. 이럴 때 우리의 이성적 성찰을 동원하여 어떤 것이 사람다움인지에 관한 판단을 내려야 할 것이다. 이것이 윤리이다. 윤리는 도덕과는 차이가 있다. 어원적인 의미에서는 같은 것이라고 주장하는 이들도 있다.[66] 하지만 도덕이 각 사회에서 고유한 형태로 모양을 갖춘 '전통이나 관습'이라면, 윤리는 이데올로기적인 도덕을 넘어서서 어떤 것이 '사람다움인가'를 추구하는 것이다. 또한 그것의 옳고 그름을 판단하려는 학문이 윤리학이다.

2. 윤리의 한계성

앞에서 밝힌 대로 윤리는 인간 행동의 옳고 그름의 구분이다. 김희수는 윌리엄 프랑케나(W. K. Frankena)의 말을 인용하여 "윤리(倫理, moral principles)는 인간이 마땅히 지켜야 할 도리나 도덕적으로 옳고 선한 삶과 행동을 위한 원칙들"이라고 정의내리고 있다.[67] 그러면 도리나 행동들의 원칙을 추론하기 위한 윤리 도구는 무엇인가? 그것은 '인간의 이성'이다. 인간에게는 양심이 있기에 이성도 어느 정도는 선과 악을 구분하는 좋은 도구가 된다. 문제는 인간 이성이 완전하지 않다는 것이다.[68] 완전을 추구해 가려는 노력을 할 수 있으나 인간 이성은 결코 완전하지 않다. 때로 잘못된 이성의 판단은 오류를 범하기도, 또한 자기자신은 물론이고 많은 사람들에게 피해를 주기도 한다. 따라서 윤리는 인간 이성을 벗어나지 못하는 절대적 한계성을 갖게 된다. 그래서 윤리는 절대성보다 보편성을 따르는데, 문제는 이 보편성조차 시대와 상황에 따라 스스로 한계를 드러내기도 한다.

이러한 인간의 보편적 차원을 일방적으로 강조하는 '규범윤리'에 대한 반동으로, 인간의 실존적 차원을 강조하는 '상황윤리'를, 규범윤리 한계를 극복하기 위한 수단으로 사용하기도 한다. 하지만 상황윤리 또한 한계성을 가진다. 이것이 윤리적 규범의 상대적 타당성만 인정하기 때문에 무원칙의 도덕률 폐기로 이어질 수 있기 때문이다. 이러한 윤리적 한계성에 대해 기독교 윤리는 하나님과 성경이라는 절대적 기준을 사용해 윤리적 한계성을 극복하려는 것이다.

3. 기독교 윤리의 정의와 필요성

1) 기독교 윤리의 정의

윤리는 '사람다움'이라 할 수 있다. 사람다움을 위해 사람들은 교육하고, 훈련하며, 때로는 실수와 실패를 반복하면서 경험을 통한 사람다움의 정의를 스스로 찾아가기도 한다. 기독교는 이 사람다움에 대해 하나님이 하셨다고 고백한다. 그래서 장광호는 "윤리학의 전제는 윤리학의 근본이신 하나님으로의 돌아감에 있다"[69]고 말했다. 기독교의 하나님은 성경에 사람다움이 죄로 인해 철저하게 파괴되었음을 선언하고 있다.[70] 종교개혁자 칼빈은 『기독교강요』(초판)의 머릿말에서 다음과 같이 말하고 있다.

> "인간은 하나님 앞에서 비참한 죄인에 불과하다. 사람의 시각으로 볼 때에도 우리는 그저 세상의 배설물과 쓰레기 혹은 그 어떤 것들보다도 더 천한 것에 지나지 않는다. 그래서 우리는 하나님 앞에서 하나님의 자비, 그 한 가지 외에는 아무 것도 우리를 영화롭게 할 수 없다."[71]

종교개혁 이후 개혁교회는, 종교개혁자 칼빈의 사후 60년 뒤에 도르트총회를 통해 죄로 말미암은 인간의 전적 타락과 부패를 받아들였다. 이렇게 죄로 인해 철저하게 파괴되어 사람다움을 상실한 인간에게 사람다움을 선물하시기 위해 하나님이신 예수님이 성육신하여 인간들의 죄를 대신해 죽으신 사건을 기독교는 '구속' 또는 '구원'이라 한다. 이것을 믿는 것이 기독교 신앙이며, 이 신앙에 기초한 윤리가 기독교 윤리이다. 다시 말하면 기독교 윤리는 "기독교의 신앙 안에서 어떠한 행위와 모습이 사람다움인가?" 하는 것을 찾아가는 것이다. 이 사람다움을 제시하는 것이 기독교 윤리이며, 또 사람다움을 연구하는 것이 기독교 윤리학이다.

2) 기독교 윤리의 필요성

윤리에서 말하는 사람다움은 시대와 환경을 따라 변하는 성질이 있다. 조선시대에는 계급 윤리가 존재했다. 그래서 천민은 천민으로, 양반은 양반으로의 윤리가 있었기에, 천민은 천민으로 살아가며, 양반은 양반으로 누리며 살아갔다. 오늘날에도 삶의 환경과 신념에 따라 윤리는 변한다. 공산주의 사회에서 윤리는 유물론적 인간관에 입각한 윤리이며, 환경 운동론자들에게는 진화론적 인간관이 윤리가 되어 자연의 일부분으로서의 책임을 요구하게 될 것이다. 이러한 윤리의 변화는 사람다움을 구속하고 상실하게 만들 위험성을 가지며 참된 윤리에 관한 정의를 모호하게 만들 위험성을 갖는다. 그래서 우리에게 사람이 가치가 되고, 목적이 되는 참된 윤리 기준이 필요한 것이다.

이 기준을 기독교 윤리가 제시할 수 있다. 기독교 윤리는 사람의 가치 기준을 가르쳐 준다. 기독교 윤리가 가르쳐 주는 사람의 가치 기준은 하나님의 사랑이다. 사랑은 예수 그리스도가 십자가 위에서 자신의 전부를 다 준 사랑이다. 누군가 나에게 목숨을 준다면 그보다 더 큰 사랑이 있겠는가? 얼마 전 의정부 아파트 화재 현장에서 22살의 젊은 어머니가 아이를 안은 상태로 구조되었다. 어머니는 온몸에 3도 화상을 입은 상태였지만 아이는 어머니의 품속에서 무사했다. 아이는 며칠만의 치료로 퇴원했지만, 어머니는 두 주 후에 세상을 떠났다. 자신의 목숨

을 다 주면서 죽기까지 아이를 품에 안았던 그 사랑, 자신의 목숨을 사랑하는 아이 목숨과 바꾸었던 사랑이 어머니의 사랑이고, 기독교에서 말하는 예수 그리스도의 사랑이다.

이 사랑이 말하는 사람의 가치를 가정에서, 사회에서, 그리고 생명 앞에서 어떻게 실현해 나갈 것인가를 가르치는 것이 기독교 윤리이다. 이런 면에서 기독교 윤리는 다원화되고 다변화되는 사회에서 꼭 필요한 윤리적 가치를 지닌다고 할 것이다.

4. 기독교 윤리의 기준

기독교 윤리의 기준은 기독교 경전인 성경인데, 이것이 기독교인들의 생활원리가 되기 때문이다. 성경은 크게 교리와 윤리로 나뉜다. 교리는 믿음의 내용이며, 윤리는 행위의 원리이다. 사회 윤리는 복잡한 상황 속에서 다양한 개념과 이론을 가지고 있지만[72] 기독교 윤리의 기준은 성경의 테두리 안에서 매우 단순하다. 그 이유는 기독교는 하나님이 모든 만물, 곧 세상을 창조하시고, 사람을 창조하신 창조주 하나님으로 말하기

때문이다. 기독교 윤리의 정의에서 밝힌 대로 모든 인간을 죄인으로 보는 이 윤리는 피조물인 인간이 죄인의 품성으로 스스로의 삶의 행위의 기준을 정할 수 없기에, 창조주이신 하나님이 인간의 삶의 행위의 기준을 설정해 주었음을 고백한다. 그래서 개혁교회의 대표적인 신앙고백서인 '웨스트민스터 신앙고백서'는 말하고 있다.

> 성경이 제일 요긴하게 교훈하는 것은 사람이 하나님에 대하여 어떻게 믿을 것과 하나님께서 사람에게 요구하시는 본분이다.[73]

웨스트민스터 신앙고백서는 성경을 하나님이 사람들에게 믿음 안에서 행해야 할 의무를 준 것이라고 말한다. 행위규범을 의무라고 말하는 것은 이것을 행하는 주체가 불완전한 죄인이기 때문이다. 따라서 성경은 사람들이 자신의 행위를 성경을 따라 의무화함으로 사람의 가치를 회복해 사람다움을 실현할 수 있음을 말하는 것이다. 바울은 성경에 관해서 다음과 같이 밝히고 있다.

> "모든 성경은 하나님께 받은 영감으로 쓰여 우리 손에 주어진 책이며 진리가 무엇인가를 가르쳐 주고 우리 생활에서 악한 것이 무엇인가를 알게 해주는 데 유익한 책입니다. 그리고 우리의 생활을 바르게 하고 옳은 일을 행할 힘을 줍니다"(현대어성경, 딤후 3:16).

기독교 윤리의 출발점은 성경이며, 마침도 성경이다. 성경적 가치관으로 세상의 구조와 질서에서 사람다움을 찾아나서는 작업이 기독교 윤리인 것이다.

5. 생명윤리(bioethics)

생명윤리(bioethics)는 반 포터(V. R. Potter)[74]가 1971년 처음 사용했는데, 자신의 책 "생명윤리학: 미래를 향한 다리"(Bioethics: Bridge to the Future)에서 생명윤리를 생태학적 의미에서의 생물권의 보전을 목적으로 하는 '생존의 과학'으로 사용했다.[75] 그가 본 생명윤리는 미래를 향한 다리였다. 왜냐하면 생명윤리가 미래 인류의 생존을 가늠할 수 있다고 보았기 때문이다. 그 이유는 생명윤리가 결국에는 의료행위와 더불어 생명공학기술의 발전에 관한 윤리적 판단을 다루고 있기 때문이다.

생명윤리는 두 가지 범주로 분류된다. 첫째, 의료행위에 관련된 것이고, 둘째, 인간이 삶을 영위함에 있어 생명에 관련된 사항의 것들이다. 의료행위와 관련된 것은 의료행위 자체의 윤리적 문제와 의료행위에서 발생되는 윤리적 문제들을 다룬다. 안락사와 낙태 같은 의료행위에서 발생되는 윤리적 문제들이 관심될 것이다. 인간의 삶의 과정과 관련된 것은 생명의 탄생과 유지, 죽음과 같이 인간의 생명과 직접 관련되는 윤리적 문제들[76]을 다룬다.[77] 안락사와 낙태를 비롯, 최근 증가하는 자살에 관한 윤리적 판단까지 해당할 것이다.

기독교 윤리는 앞서 말한 관점들을 염두에 두면서 하나님의 관심을 이끌어 온다. 창조주 하나님이 인간을 만드시면서 부여하신 생명의 중요성과 목적, 그리고 생명에 관한 하나님의 소명의 측면을 살피며 판단하려는 것이 기독교 윤리의 노력이다.

6. 가정윤리(family ethics)

가정이란 전통적으로 두 부모와 자녀들로 구성된 한 집단을 말한다.

이 집단에서도 사람다움의 가치는 매우 중요하고 필요한 가치이다. 이 가치 판단을 가정윤리라고 한다. 부모와 자녀로 이루어진 전통적인 가정의 정의가 오늘날에는 점점 파괴되고 있다. 계약 결혼이 등장하고, 서구에서는 법적인 결혼관계가 아닌 동거가 일상화되기도 하며 심지어 '딩크족'이라 하여 자녀에게 구속당하지 않으려 자녀 없는 결혼생활을 하는 신종 계약결혼이 등장했다.[78] 또한 동성애의 등장으로 자녀의 부존재는 물론이고, 이성 간의 부부가 아니라 동성 간의 부부로 존재하는 새로운 형태의 가정이 나타나기도 한다. 대부분의 학자들은 이러한 가정의 파괴를 현대사회의 위기로 진단한다.

   기독교 윤리는 가정의 근원을 하나님으로부터 출발한다. 하나님이 처음 사람 아담과 하와를 만들어 가정을 시작하셨다는 것이다. 가정은 부부로 시작하며, 이것은 당연히 생물학적인 여자와 남자라야 한다는 것이 이 입장이다. 이것은 생산을 위한 하나님의 거룩한 계획이기도 했다. 창세기의 서두에는 가인과 셋의 가족에 대한 이야기가 나온다. 이 모습은 신약성경 마태복음에서도 반복된다. 성경은 결국 자녀 생산은 구원을 위한 하나님의 계획이었음을 말하고 있다. 하나님은 믿음의 자녀들을 통하여 구원계획을 이어 가시고 예수 그리스도를 통한 구원을 실현하셨다는 것이다. 그래서 가정에 신실한 믿음의 부모가 있고, 이 믿음을 계승하는 자녀가 있음은 기독교 윤리의 소중한 가치의 하나인 것이다. 본 강의에서 다루게 되는 결혼과 이혼, 동성애는 가정의 소중한 가치를 다시 한번 생각하게 할 것이며, 산업화와 물질만능주의로 파괴되는 가정의 윤리적 가치를 기독교 윤리가 어떻게 도울 수 있을까를 나누게 될 것이다.

7. 사회윤리(Social Ethics)

사회윤리는 사회의 구조나 질서 또는 제도와 관련해 기존 사회구조를 비판하고 성찰함으로 사회개혁 또는 새로운 사회구조 구축에 관심을 기울인다.[79] 환경윤리를 예로 들면 근대 산업화에서 가장 많은 피해를 입은 대표적인 사례이다. 더 나은 삶을 위해 무분별한 환경 파괴는 인간들에게 엄청난 피해를 되돌려 주고 있다. 이상기온, 쓰나미 같은 대형 피해는 환경에 대한 우리의 태도가 어떻게 변해야 하는지를 가르쳐 주고 있다. 사회윤리는 환경을 대하는 사람다움의 가치에 대해 말하게 될 것이다. 직업윤리는 직업을 대하는 사람다움의 태도를 말한다. 그동안 인간의 역사는 직업에 귀천을 구분했다. 하지만 종교개혁 이후 칼빈을 비롯한 종교개혁자들은 직업에 귀천이 없으며 직업은 '소명'이라고 하였다. 사회윤리는 직업을 계급화하는 잘못된 사회구조 개혁을 요구하고, 특별히 기독교 사회윤리는 하나님 앞에서 직업에 관한 소명의식을 통하여 사람다움의 가치를 실현하게 할 것이다.

또한 인간사회에서 필연적인 사회윤리 중 하나는 전쟁윤리이다. 지금도 여전히 전쟁을 하는 나라가 있으며, 우리도 북한과 대치 중이다. 제2스위스신앙고백은 다음과 같이 말하고 있다.

> 만일 국가의 안전과 정의를 위하여 전쟁을 해야만 한다면 백성들은 자신들의 생명까지도 내어놓아야 할 것이며, 나라의 안전을 위해서 백성들은 물론이고 행정관리들도 피를 흘려야만 할 것이다. 이런 일을 할 때에는 하나님의 이름으로 하되 자원하여, 즐거움으로 용감하게 해야 할 것이다.[80]

종교개혁 이후 신앙고백서들은 정의롭고 합당한 전쟁이라면 당연히 국가에 속한 자들은 전쟁에 참여해야 한다는 것이다. 최근 양심적 병역 거부가 대두되는 상황에서 전쟁 참여에 관한 논의를 사회윤리로 성찰해야 할 중요한 논제이다. 마지막으로 미디어윤리는 보편적인 인터넷보급으로 요구되는 사회윤리이다. 인터넷의 보편적 사용은 개인 정보의 무분별한 유출을 가져오며, 신상털기로 인한 개인 명예의 심각한 훼손과 댓글로 인한 자살 사건으로 이어지고 있다. 직접 대면하지 않는 사이버공간이라고 하지만, 사람과 사람과의 관계 속에서 이루어지는 일이기 때문에 그 안에는 사람다움의 가치가 존재해야만 한다. 언론과 방송 매체의 책임과 더불어 사이버상에서 사람다움의 가치에 관한 성찰은 현대사회의 중요한 사회윤리의 과제가 될 것이다.

이러한 사회윤리의 여러 분야를 성경적 가치관을 통해 들여다보려는 것이 기독교 윤리의 시도이다. 하나님이 환경을 만드신 목적, 하나님 앞에서 직업의 소명과 가치, 눈에 보이지 않는 공간에서도 관여하시는 하나님의 간섭하심, 그리고 하나님 앞에서의 전쟁 필요성과 성경이 말하는 국가와 사회의 존재 목적[81]을 제시하고 이것으로 사회윤리를 새롭게 설정해 사람다움의 가치를 실현해, 사회에 올바른 규범들을 제시하는 것이 기독교 윤리의 목적이다.

8. 기독교 윤리의 과제

이인경은 윤리를 가리켜 현실에 기반을 두지만 현실을 넘어서는, 즉 새로운 세상을 향한 비전이라고 하였다. 여기서 새로운 세상이란 사람다움의 가치가 실현되는 세상을 말하고, 사람다움은 사람을 사람답게 대접할 때 실현된다고 말한다.[82] 사람이 목적이 되고 주체가 되는 세상, 이것이 이인경이 말하는 윤리가 실현되는 세상일 것이다.[83] 기독교 윤리는 사람다움을 성경에서 말하는 하나님의 사랑에서 찾는 작업을 한다. 기독교 윤리가 말하는 하나님의 사랑은, 곧 하나님 자신이 사람들에게 자신을 내어주는 것이었다. 하나님은 자신이 친히 사람이 되어 십자가 사형 틀 위에서 인간들의 죄의 대가로 자신을 내어 주신 것이다. 하나님은 자신의 행위를 통하여 사람다움의 가치를 회복시키기를 원하신 것이다. 이것이 사람의 가치회복이며,[84] 사람다움의 가치는 이성에서 말하는 윤리적 가치를 뛰어넘는다고 보는 것이다. 앞으로 기독교 윤리의 과제는 하나님이 자신을 내어주시면서까지 실현하시려 했던 사람다움의 가치들, 곧 가정, 생명, 그리고 사회의 중요성을 설명해 주고 성경적 가치관을 이해시키는 것이다. 기독교 윤리와 세상 윤리의 차이는 성경과 이성이다. 이 둘에는 분명한 차이점이 있다. 그렇지만 목표점은 동일하다. 그것은 "사람다움의 가치"에서 만나게 된다.

4단원

생명윤리 – 안락사
죽음 앞에서 묻다

1. 들어가는 말

21세기 생명윤리의 핵심 이슈 가운데 하나는 '안락사'이다. 인류는 과학기술과 의학의 눈부신 발전으로 과거보다 훨씬 긴 수명을 누리게 되었지만, 고령화 사회로 접어들며 삶의 질과 죽음의 방식에 대한 깊은 고민에 직면하고 있다. 이로 인해 '잘 사는 것' 뿐만 아니라 '잘 죽는 것'에 대한 관심이 증가하고 있으며, 의료현장에서는 인간의 생명을 어떻게 마무리할 것인가에 대한 윤리적 결정을 요구받는 상황이 빈번하게 발생한다.

안락사는 이러한 시대적 흐름 속에서 대두된 대표적 논쟁거리이며, 인간의 자율성과 존엄, 생명의 본질과 목적, 고통과 회피의 문제 등과 밀접하게 얽혀 있다. 특히 안락사를 둘러싼 찬반 논의는 의학적이거나 법적인 차원을 넘어 철학적이고 신앙적인 물음을 동반하며, 종교적 신념에 따라 극명하게 갈리는 입장을 보여준다.

이러한 현실 속에서 기독교적 관점에서는 생명에 대한 하나님의 주권, 인간 존재의 존엄, 그리고 죽음에 대한 믿음의 태도를 바탕으로 안락사에 대해 깊이 있는 성찰과 응답을 제공할 수 있어야 한다. 따라서 이 글에서는 안락사에 대한 개념적 정의와 역사적 논의에서부터, 기독교 신앙의 기준이 되는 성경적 입장과 세계 각국의 법적·문화적 쟁점 분석, 그리고 기독교 공동체가 제시할 대안까지 폭넓게 다루려 한다. 이렇게 함으로 단순한 이론적 지식을 넘어 생명에 대한 신앙적 책임과 공동체적 실천을 함께 성찰하는 계기가 되었으면 좋겠다.

2. 안락사 정의와 역사적 배경

'안락사'(euthanasia)는 '좋은 죽음'을 의미하는 그리스어 'eu'(좋은)와 'thanatos'(죽음)에서 유래된 용어로, 현대 의학 윤리에서 회복 불가능한 질병이나 극심한 고통에 시달리는 환자의 생명을 고의적으로 종결시키는 행위를 의미한다.[85] 이러한 행위는 환자의 자율적 선택과 인간의 존엄성, 생명의 질과 의미 등에 근거하여 논의되며, 형태에 따라 자발적 안락사(voluntary), 비자발적 안락사(involuntary), 비의도적 안락사(non-voluntary)로 나뉜다.[86] 또한 실행 방식에 따라 치사 약물을 투여하는 적극적 안락사(active euthanasia)와 생명 연장 장치를 중단하는 소극적 안락사(passive euthanasia)로 구분된다.[87]

<도표 1: 안락사의 유형별 분류>[88]

분류 기준	유형	설명
환자의 동의 여부	자발적 안락사	환자가 명확한 의사 표현을 통해 안락사를 요청한 경우
	비자발적 안락사	환자가 의사 표현이 불가능하나 가족이나 타인의 결정에 의해 시행되는 경우
	비의도적 안락사	환자의 의사 확인 없이 의료진이 독단적으로 결정한 경우

실행 방식	적극적 안락사	약물 등을 이용하여 직접적인 사망을 유도함
	소극적 안락사	생명 연장 장치나 치료를 중단함으로써 자연사 하게 함

한편, 안락사의 역사적 기원은 고대 그리스·로마 시대로 거슬러 올라간다. 플라톤(Plato, B.C. 428-B.C. 348)은 『국가』에서 의학으로 회복할 수 없는 사람은 치료받지 말아야 한다고 주장했으며, 스토아 철학자들은 자율적 삶과 죽음을 인간의 이성적 판단으로 보았다.[89] 반면, 기독교가 서구 사회를 지배한 중세 이후에는 안락사와 자살은 하나님의 창조 질서를 위배하는 중대한 죄악으로 판단되었다. 아우구스티누스(Aurelius Augustinus, A.D. 354-430)는 『신국론』에서 자살은 하나님의 명령을 어기는 것이며, 토마스 아퀴나스(Thomas Aquinas, 1224-1274)는 『신학대전』에서 자살과 안락사를 신의 주권에 대한 도전으로 보며 강하게 반대하였다.[90]

근대에 과학주의와 인본주의 영향으로 인간 중심의 사고방식이 나타나며 안락사에 대한 시각이 다양화되기 시작하였다. 특히 20세기에 의료기술의 발달로 생명 연장이 가능해졌지만, 연장된 생명이 반드시 행복하거나 존엄한 삶을 의미하지 않는다는 인식이 퍼지며, 인간의 삶을 스스로 결정할 수 있어야 한다는 논의가 강화되었다. 더 나아가 기술의 발달은 의료인의 결정권과 윤리 기준에 영향을 미쳤으며, 인간 생명의 종결 여부가 임상의 손에 맡겨질 수 있다는 새로운 논쟁 지점을 만들었다. 그러나 이러한 논의가 극단적으로 치달은 대표적 사례가 제2차 세계대전 중 나치 독일의 'T4 프로그램'이다. 나치는 '생명 가치 없는 존재'(Lebensunwertes Leben)라는 개념을 내세워 장애인과 정신질환자 수십만 명을 조직적으로 안락사시켰으며, 이는 안락사가 권력과 이데올

로기에 의해 얼마나 쉽게 왜곡되고 남용될 수 있는지 여실히 보여주는 역사적 경고이다.[91]

현대사회에서는 안락사에 대한 찬반 논쟁이 여전히 치열하게 전개되고 있다. 찬성하는 측은 인간의 자율성과 삶의 질을 강조하며, 극심한 고통 속에 놓인 환자가 자기 결정에 따라 생을 마감하는 것은 인간의 존엄을 지키는 마지막 선택이라고 주장한다. 특히 말기 암 환자나 신경계 퇴행성 질환 환자 같이 극도의 고통 속에서 무의미하게 연명하는 것이 오히려 비인도적이라고 본다.[92] 이들은 인간이 자신의 죽음을 스스로 결정할 수 있어야 한다는 자유주의적 자율성 개념을 앞세운다.

반면에, 반대하는 측은 인간 생명은 개인의 소유가 아니라 하나님의 주권에 속한 것으로 인간이 자기 생명을 자의적으로 종결하는 것은 신적 주권에 대한 도전이라고 주장한다. 또한 안락사의 제도화는 사회적으로 약한 자, 예컨대 장애인, 고령자, 사회적 약자에게 '짐이 되는 존재'라는 낙인을 찍고 조용히 사라지기를 강요하는 결과로 이어질 수 있다는 점에서 심각한 윤리적 위험을 내포한다.[93] 이에 따라 많은 기독교 윤리학자들은 안락사 제도화가 생명의 본질적 가치를 훼손할 뿐 아니라, 공동체적 연대와 돌봄의 문화를 약화시킬 수 있다고 경고한다. 결국 안락사는 의료기술이나 법률 문제가 아니라 인간 존재에 대한 근본적인 이해, 즉 "인간이 누구인가?"라는 질문과 직결되는 생명철학의 핵심 주제임을 우리는 인식해야 한다.

3. 인간의 고통과 죽음에 대한 성경적 이해

성경은 죽음을 인간의 죄에 대한 결과로 설명하며(롬 5:12), 고통 역시 아담과 하와의 타락 이후 인류가 감당해야 할 현실로 등장한다(창

3:16-19).[94] 그런데 고통은 인간의 죄로 세상에 들어온 결과이지만, 성경은 단순히 고통을 저주로만 규정하지 않는다. 성경은 고통 속에서 하나님의 뜻과 섭리를 발견하고, 그분의 위로와 임재를 경험할 수 있는 공간으로 이해한다. 예컨대 욥은 이유를 알 수 없는 고난 가운데서도 하나님과의 끈질긴 대화를 통해 인생과 신앙에 대해 더 깊은 깨달음에 도달한다(욥 38-42장 참조).[95] 시편은 탄식과 고통의 노래로 가득하지만, 중심에는 하나님의 신실하심에 대한 신뢰와 찬양이 있다(시 22편, 42편 등).[96] 이는 고통을 통한 하나님과의 인격적 만남과 영적 성장의 가능성을 보여주는 신앙적 지평을 확장한다.

신약성경에서도 고통은 피할 수 없는 인생의 현실로 묘사되며, 동시에 신앙적 연단과 성숙의 과정으로 제시된다. 바울은 "고통을 통해 인내를, 인내를 통해 연단을, 연단을 통해 소망을 이루게 된다"고 말한다(롬 5:3-5).[97] 또한 고통당하는 것이 그리스도의 고난에 동참하는 길이며, 이것을 통해 그리스도의 부활 능력을 알게 된다고 고백한다(빌 3:10). 이처럼 고통은 인내를 강요받는 수동적 현실이 아니라, 믿음의 공동체가 함께 참여하며 하나님의 뜻을 발견해 가는 능동적 여정이 된다는 사실을 강조하고 있다.

무엇보다 예수 그리스도께서는 십자가에서 극심한 신체적, 정신적 고통을 겪으셨으며(마 27:46), 고통 속에서도 하나님의 뜻을 따르며 인류를 위한 속죄 사명을 완수하셨다(눅 22:42).[98] 예수님의 순종은 고통의 무의미함이 아니라, 고통을 통한 하나님의 구속 사역이라는 놀라운 반전을 보여준다. 이는 고통이 제거되어야 할 악이라기보다는, 하나님 나라의 구속 계획 안에서 해석될 수 있는 신비로움이라는 점을 강조한다.

기독교 신앙은 고통과 죽음을 피하거나 제거해야 할 단순한 악으로 보지 않는다. 오히려 신자는 그 속에서 하나님의 뜻을 찾고, 고통 가운데서 신앙의 순도를 연단 받으며, 죽음조차 부활과 영생의 문으로 여긴다(고전 15:54-57).[99] 이러한 관점은 현대사회가 고통을 무조건 배제하고 회피하려는 경향에 깊은 성찰을 요청하며, 인간의 생명과 죽음을 어떻게 받아들일 것인지에 대한 영적 통찰을 제공한다. 나아가 이러한 시각은 환자 중심의 돌봄과 호스피스 윤리에 신앙적 기반을 제공하며, 안락사에 대한 단순한 거부를 넘어선 깊은 대안을 제시한다.

4. 안락사의 찬반에 대한 대표적인 국가들의 논쟁

미국에서는 주(State)마다 안락사에 대한 법적 입장이 다르며, 대표적으로 오리건주, 워싱턴주, 캘리포니아주 등에서는 "죽을 권리 법안"(Death with Dignity Act)을 제정하여 조건부로 자발적 안락사, 즉 의사조력자살(physician-assisted suicide)을 합법화했다.[100] 이러한 법은 환자가 말기 질환을 앓고 있고, 본인의 의사로 두 명 이상 의사의 승인을 받은 경우에만 치사약을 제공받아 복용할 수 있도록 허용한다. 하지만 연방 정부 차원에서는 안락사에 대해 통일된 입장을 제시하지 않으며, 일부 주에서는 여전히 불법으로 정하고 있다.[101]

<도표 2: 주요 국가별 안락사 제도 비교표>[102]

국 가	안락사 합법화 여부	적용 유형	특 징
네덜란드	예(2002년)	적극적 안락사 + 자살 조력	세계 최초로 안락사 합법화. 법률로 조건 명시.
벨기에	예(2002년)	적극적 안락사	미성년자 안락사까지 허용 (2014년).

스위스	부분 허용	자살방조	외국인도 가능. '죽음 관광' 문제 있음.
미국(오리건 등)	일부 주에서 허용	의사조력자살 (자발적)	주 법률에 따라 시행. 연방 차원에서는 통일 규정 없음.
일본	명문화된 법 없음	주로 소극적 안락사 또는 연명치료 중단	가족과 의사의 협의 중심. 명확한 법적 기준 부족.
한국	소극적 안락사만 허용	연명의료결정법에 따라 시행	환자의 사전연명의료의향서 또는 가족 결정 필요. 적극적 안락사는 불법.

한편, 유럽에서는 안락사에 대한 합법화와 제도화가 상대적으로 더 앞서 있다. 네덜란드는 2002년 세계 최초로 적극적 안락사를 합법화하였고, 의료진이 환자 요청에 치사약을 투여하는 것을 법적으로 허용하고 있다. 이 조건은 환자가 참기 어려운 고통을 겪고 있으며, 회복 가능성이 없고, 안락사 요청이 자발적이며 숙고된 결정임을 의사가 판단한 경우이다.[103] 벨기에도 유사한 조건에만 안락사를 허용하고 있으며, 2014년에 세계 최초로 미성년자에 대한 안락사도 법적으로 가능하게 해 논란을 일으켰다.[104] 스위스는 안락사보다는 자살방조(assisted suicide)가 중심인데, 비영리 단체에 의한 자살 조력이 가능하며, 외국인도 이용할 수 있는 '죽음 관광'(death tourism)의 중심지로 부상하고 있다.[105]

일본은 전통적으로 집단주의와 가족 중심 문화가 강한 국가로 공식적으로는 안락사를 명시적으로 합법화하지 않고 있다. 그러나 의료 현장에서는 가족과 환자의 동의로 연명치료 중단이나 의사의 암묵적 안락사가 시행되며, 일부 소극적 안락사 사례는 형사 처벌을 받지 않는 경우도 있다. 일본의 윤리는 불문법적 관행에 크게 의존하며, 명확한 법적 제도가 없는 점이 특징이다.[106]

우리나라는 2018년 "호스피스·완화의료 및 임종 과정에 있는 환자의 연명의료결정에 관한 법률"(약칭: '연명의료결정법')을 시행하면서, 말기 환자가 무의미한 연명의료를 중단할 수 있는 권리를 명시하였다. 이는 소극적 안락사로 분류될 수 있는 제도적 장치이며, 환자 본인의 사전연명의료의향서 또는 가족의 일치된 결정에 따라 시행 가능하다.[107] 그러나 치사약 투여 등 적극적 안락사는 여전히 형법상 금지되어 있으며, 사회적으로도 민감한 논쟁거리로 남아 있다.

이러한 안락사에 대한 각국의 차이는 단순한 의료기술 문제가 아니라, 사회마다 지니고 있는 철학적 배경, 종교적 가치관, 역사적 경험, 그리고 법 제도의 전통과 밀접한 관련이 있다. 예컨대 개신교 영향이 강한 미국 내에서도 주마다 다른 태도를 보이는 것은 종교적 분포와 시민 권리 의식의 차이에 기인하며, 네덜란드와 벨기에는 개인의 자율성과 합리적 판단을 중시하는 세속주의 전통이 법제화에 영향을 미친 것이다. 반면 한국과 일본은 유교적 전통과 공동체 윤리가 강하게 작용해 적극적 안락사에 대해 보수적 태도를 가지고 있다.

5. 기독교 세계관에서 본 인간 존엄과 죽음

기독교 세계관은 인간이 하나님의 형상(Imago Dei)대로 창조되었음을 전제한다(창 1:27).[108] 이 신학적 전제는 인간 존재에 대한 근본적인 이해를 제공하며, 인간 존엄이 인간 스스로의 판단이나 능력, 즉 자율성이나 생산성에서 비롯되는 것이 아니라 하나님과의 존재론적 관계성에 기반함을 뜻한다.[109] 이는 현대 자유주의 윤리학이 강조하는 자기결정권(self-determination) 중심의 인간관과 본질적으로 충돌한다.

안락사는 인간이 자신의 삶과 죽음을 자율적으로 통제할 권리를 주장하는 데서 출발한다. 그러나 기독교 윤리는 생명의 시작과 끝이 하나님의 섭리에 있음을 강조하며, 인간이 자기 생명의 주인이 될 수 없음을 선언한다(시 139:13-16; 신 32:39).[110] 따라서 안락사는 하나님의 창조 질서와 주권을 침해하는 행위로 판단되며, 인간 중심의 세계관이 하나님 중심의 신앙적 틀을 대체하려는 위험성을 내포하고 있다.

또한 기독교 세계관은 죽음을 생명의 종결이 아닌, 하나님 앞에서의 궁극적 완성과 만남의 사건으로 본다(히 9:27; 고후 5:10). 따라서 죽음을 통제 가능한 기술적 문제로 다루려는 현대 생명윤리의 시도는 기독교적 입장에서 보았을 때 영적·도덕적 존재로서의 인간 이해를 심각하게 왜곡시킬 수 있다. 특히 의료 현장에서 환자의 고통을 이유로 안락사를 허용하는 논리는 인간의 고통을 신앙 안에서 해석하고 함께 짐을 지려는 교회 공동체의 사명과 충돌할 수 있다.[111]

기독교 윤리는 죽음을 연기하거나 피하려는 것이 아니라, 죽음을 준비하고 받아들이는 태도 속에서 하나님의 뜻을 따르려는 것이다. 삶의 마지막 순간에도 인간은 여전히 하나님의 형상으로서 존엄하며, 하나님과의 관계 안에서 그 생명의 의미가 지속된다는 믿음은 죽음을 기술적으로 제어하려는 현대 윤리학의 흐름과는 다른 지점에 서 있다. 예컨대, 아우구스티누스는 『고백록』에서 "인간은 하나님을 떠나서는 참된 안식을 누릴 수 없다"면서 고백했으며, 이는 인간 존재가 궁극적으로 하나님의 품으로 돌아가는 여정을 살고 있음을 보여준다.[112]

이런 점에서 기독교는 안락사에 대해 단순히 도덕적 반대 입장을 취하는 것이 아니라, 생명에 대한 신학적 성찰과 하나님 주권에 대한 신앙적 고백을 바탕으로 신중하며 단호한 태도를 요청한다. 인간의 삶은 하나님의 영광을 위한 것이며(고전 10:31), 죽음조차도 그분의 뜻 안에서 해석되어야 한다는 것이다.[113] 그러므로 인간의 생명에 대한 판단과 결정이 오직 창조주 하나님의 권한 아래 있어야 함을 사회에 지속적으로 증언해야 한다는 것이 기독교 입장이다.

6. 기독교가 제시할 수 있는 사회적 대안들

기독교는 안락사에 대해 단순히 반대하는 것을 넘어서 고통받는 이들을 위한 실제적이고 구체적인 대안을 제시해야 한다. 그 대표적인 대안이 바로 '호스피스'(palliative care)이다. 호스피스는 생명을 연장하는 데 집중하는 기존 치료 방식과는 달리, 환자의 고통을 경감시키고 삶의 질을 유지하는 데 목적을 둔다.[114] 이는 환자가 남은 생애를 의미 있게 살아갈 수 있도록 돕는 전인적 돌봄 체계로, 신체적 고통뿐 아니라 심리적, 사회적, 영적 차원의 고통까지 포괄적으로 다룬다.[115]

호스피스는 성경적 관점에서 볼 때, 고통을 함께 감당하며 사랑으로 섬기는 공동체적 돌봄의 실천이라 할 수 있다. 이는 예수께서 병든 자를 찾아가 치유하고 위로하신 사역의 연장이며(막 1:32-34), 그리스도인의 부름이기도 하다. 호스피스 사역은 죽음을 두려워하거나 회피하는 문화에 맞서 고통과 죽음의 의미를 새롭게 성찰하며, 하나님 앞에서 생의 마지막 순간을 준비하도록 돕는다.[116]

특히 교회 공동체는 말기 환자와 가족에게 단순한 위로 이상의 역할을 수행해야 한다. 정서적 동행, 신앙적 상담, 기도와 예배, 그리고 실질적인 물질적 지원 등을 통해 고통 중에 있는 자들이 존엄하게 삶을 마무리할 수 있도록 도와야 한다. 이는 갈라디아서 6장 2절에서 말하는 "서로 짐을 지라"는 복음적 명령을 구체적으로 실천하는 방식이다.[117] 이러한 돌봄은 교회가 생명의 가치를 선포하고 지키는 윤리적 공동체로서의 정체성을 드러내는 신앙적 실천이다.

나아가 기독교는 의료계와 사회 전반에도 인간의 고통에 민감한 생명윤리 정책을 제안하고 협력할 수 있어야 한다. 호스피스 시설의 확충, 완화의료에 대한 사회적 인식 제고, 말기환자와 가족을 위한 돌봄 교육 등은 교회가 주도하거나 협력할 수 있는 중요한 영역이다. 이러한 실천은 생명을 경시하지 않고, 고통 속에 있는 사람을 하나님의 형상으로 존중하는 기독교 윤리의 핵심 가치와 맞닿아 있다고 할 것이다.[118]

7. 나가는 말

안락사는 단순한 의학적·법적 사안을 넘어, 인간 존재의 본질, 삶의 의미, 죽음에 대한 태도를 근본적으로 묻는 신학적·윤리적 문제이다. 인간이 누구인지, 무엇을 위해 살아야 하며, 어떻게 죽음을 맞이해야 하는지를 성찰하게 하는 이 주제는 기술적 해결로 접근할 수 없다. 기독교는 생명을 하나의 생물학적 현상이 아니라 하나님의 창조적 선물로 이해하며, 인간 존재 자체가 하나님의 형상(Imago Dei)으로 창조되었음을 믿는다. 이러한 관점은 생명을 단순한 물질적 대상이나 기능적 가치로 환원하려는 현대 생명윤리의 경향에 대한 본질적 비판을 제기한다.

죽음 또한 기독교적 관점에서는 하나님의 섭리 속에 있는 삶의 일부이며, 인간이 언젠가는 맞이해야 할 불가피한 현실이다. 그러나 죽음은 절망이 아닌 소망의 사건이다. 예수 그리스도의 부활은 죽음을 이긴 생명의 승리를 보여주며, 믿는 자들에게는 죽음 이후에 있을 영원한 생명에 대한 희망을 제시한다. 그러므로 기독교는 죽음을 제거하거나 회피해야 할 절대 악으로 보지 않고, 하나님의 뜻 가운데 순종하며 받아들여야 할 전환 과정으로 본다.

이러한 맥락에서 고통받는 이들에게 진정한 해답은 생명을 단축하는 조치가 아니라, 고통 가운데서도 함께 울어주고, 함께 걸어가는 사랑의 동행이다. 기독교는 십자가에서 고통받으신 그리스도를 기억하며, 고통 속에 있는 자들과 함께하는 것이 그리스도의 사랑을 따르는 길임을 가르친다. 이처럼 고통 가운데 있는 이들을 향한 해답은 고통의 회피가 아니라, 소망과 위로를 품게 하는 신앙 공동체의 돌봄과 동행이다.

　기독교는 이 시대에 생명의 가치와 하나님의 주권을 분명하게 선포해야 한다. 생명이란 오직 하나님께 속한 것이며, 인간의 자율성과 편의에 따라 결정할 수 없는 신성한 영역임을 사회에 증언해야 한다. 더 나아가 기독교 공동체는 고통받는 이들과 함께하면서, 그들의 아픔에 응답하고, 생명을 존중하는 문화를 일구는 데 앞장서야 한다. 생명윤리에 대한 정직하고도 사랑의 대안을 제시하는 것이야말로 우리 시대에 주어진 가장 시급한 과제 가운데 하나이다.

참고문헌

국가별 보건복지부 및 WHO 생명윤리 보고서(2022).
김영한. 『기독교 윤리학 개론』. 서울: 성광문화사, 2009.
네덜란드 보건윤리연구소(NVVE). "Euthanasia in the Netherlands." 2021.
보건복지부. 『연명의료결정법 해설서』. 서울: 보건복지부, 2018.
이상원. 『기독교 생명윤리』. 서울: 솔로몬, 2016.
한국보건사회연구원. 『연명의료결정제도 운영 현황 분석』. 서울: 한국보건사회연구원, 2022.
Augustine. *Confessions, trans. Henry Chadwick.* Oxford: Oxford University Press, 1991. Book I.1.
Cameron, Nigel M. de S. *The New Medicine: Life and Death After Hippocrates.* Wheaton: Crossway Books, 1992.
Cameron, Nigel M. de S. *The New Medicine: Life and Death After Hippocrates.* Wheaton, IL: Crossway Books, 1992.
Cassell, Eric. *The Nature of Suffering and the Goals of Medicine.* Oxford University Press, 2004.
Estes, Daniel J. Hear, *My Son: Teaching and Learning in Proverbs 1-9.* Grand Rapids: Eerdmans, 1997.
Kass, Leon R. *Life, Liberty, and the Defense of Dignity.* San Francisco: Encounter Books, 2002.
Kilner, *John Dignity and Dying: A Christian Appraisal.* Grand Rapids: Eerdmans, 1996.
Koenig, Harold G. S*pirituality in Patient Care: Why, How, When, and What.* Templeton Foundation Press, 2007.
Hauerwas, Stanley. *Suffering Presence: Theological Reflections on Medicine, the Mentally Handicapped, and the Church.* Notre Dame: University of Notre Dame Press, 1986.
Have, Henk ten. *Death and Medical Power: An Ethical Analysis of Dutch Euthanasia Practice.* Open University Press, 2005.

May, William E. *Catholic Bioethics and the Gift of Human Life*. Huntington: Our Sunday Visitor, 2008.

McGrath, Alister E. *Christian Theology: An Introduction*. Oxford: Wiley-Blackwell, 2011.

Minelli, Ludwig. *Dignitas and the Right to Die*. Zuerich: Dignitas, 2010.

Montero, Etienne. *The Legalization of Euthanasia in Belgium*. Cambridge Quarterly of Healthcare Ethics, 2014.

Rae, Scott B. *Moral Choices: An Introduction to Ethics*. Grand Rapids: Zondervan, 2009.

Rumbold, Bruce *Spirituality and Palliative Care: Social and Pastoral Perspectives*. Oxford University Press, 2002.

Singer, Peter. *Rethinking Life and Death*. Oxford University Press, 1994.

Smith Ⅱ, George P. *Human Rights and Bioethics*. New York: Routledge, 2012.

Stott, John. The Cross of Christ. Downers Grove: IVP, 1986.

Thomasma, David C. *Euthanasia: Toward an Ethical Social Policy*. Dordrecht: Kluwer Academic, 2001.

Tsukamoto, Sachiyo. *End-of-Life Decision Making in Japan*. Bioethics Journal of Asia, 2015.

Verhey, Allen. *Reading the Bible in the Strange World of Medicine*. Grand Rapids: Eerdmans, 2003.

Wyatt, John. *Matters of Life and Death: Human Dilemmas in the Light of the Christian Faith*. Nottingham: IVP, 2009.

5단원

생명윤리 - 낙태
생명의 경계에서 대화를 시작하다

1. 들어가는 말

　낙태는 의료적 결정만이 아니다. 이것은 생명, 권리, 도덕, 종교, 정치, 젠더 등 다양한 주제를 교차시키는 복합적인 문제이다. 따라서 낙태에 대한 사회적 논의는 옳고 그름만 따지는 문제가 아니라, 인간의 존엄과 자유, 공동체의 가치와 책임, 나아가 미래 세대에 대한 전망까지 포함하는 깊이 있는 사유를 요구한다. 특히 낙태는 각자의 인생 경험, 가치관, 신념에 따라 전혀 다른 결론에 도달할 수 있기 때문에 객관적 사실만으로 판단하기 어렵고, 감정적인 대응이 개입되기 쉽다. 더불어 이 주제는 신앙적, 도덕적 신념과 밀접하게 얽혀 있어 타인의 의견을 경청하기보다 자신의 입장을 고수하는 경향이 강하게 나타나기도 한다. 이처럼 복잡한 주제를 공적인 담론의 장에서 논의한다는 것은 다른 세계관과 감정의 충돌을 피할 수 없게 만든다. 낙태 문제는 사람들의 삶에 깊이 얽혀 있는 경험적이고 감정적인 이슈이기 때문에 이성적인 논의가 감정적 논쟁으로 전환되기 쉽다. 더욱이 생명이라는 신성한 가치를 두고 논쟁할 때, 각자의 입장은 쉽게 절대화되기도 한다.

2. 낙태의 개념과 역사

일반적으로 '낙태'(abortion)는 임신의 자발적 중단을 의미하며, 의료적 방법 또는 약물에 의해 태아의 생명을 종결시키는 절차로 정의된다. 이러한 정의는 간단해 보이지만, 낙태에 대한 이해는 시대와 문화에 따라 다양하게 변해왔다. 인류 역사에서 낙태는 오랜 시간 존재해왔으며, 고대 이집트 파피루스나 히브리 율법, 그리스-로마 문헌에도 그 흔적이 발견된다. 특히 히포크라테스(Hippocrates, BC 460?-377?) 선서는 낙태를 금지하는 내용이 포함되어 있었으며, 이는 고대 의학이 생명 보호라는 윤리적 원칙에 뿌리 두고 있었음을 보여준다.[119]

중세 기독교 사회에서는 교회가 태아 생명에 대한 판단을 좌우했으며, 낙태의 죄책은 '영혼의 유입'(ensoulment) 시점에 따라 판단되었다. 초기에는 성 아우구스티누스가 태아의 발달 정도에 따라 '형성된 태아'와 '형성되지 않은 태아'를 구분하여, 전자의 낙태는 더 무겁게 여겨야 한다고 주장하였다.[120] 그는 인간의 영혼이 언제 들어오는지 명확하지 않지만, 가능한 한 생명을 존중해야 한다고 강조했다. 그런가 하면, 13세기 토마스 아퀴나스는 아리스토텔레스의 형이상학을 바탕으로 남성 태아는 임신 40일, 여성 태아는 80일이 지나야 영혼이 주입된다고 보았다.[121] 그는 영혼의 유입 시점이 곧 인간 생명의 본격적 시작으로 판단되며, 그 이전에는 불완전한 존재로 보았다.

이러한 시각은 당시 생물학적 지식과 철학적 전제에서 기인한 것으로, 당시 교회 윤리학이 철학적 이론과 종교적 신념이 밀접히 연결되어 있었음을 보여준다. 결과적으로 낙태에 대한 도덕적 판단은 생명의 시작 시점과 밀접하게 연결되어 있었고, 이 시점에 대한 이해는 시대에 따라 다르게 형성되었음을 알 수 있다.

근대에 과학기술의 발달로 인간 발생에 대한 지식이 확장되었고, 낙태를 신학적·도덕적 문제로 보기보다 의학적이고 사회적인 시각에서 접근하게 되었다. 19세기 중엽, 여러 국가에서 낙태를 금지하는 법이 제정되었으며, 이는 낙태가 여성의 건강에 큰 위험을 가져온다는 인식에서 출발했다. 그러나 20세기 중반 이후, 여성의 권리와 성적 자기결정권에 대한 인식이 증가하면서 낙태에 대한 법적·윤리적 판단 역시 변화하기 시작하였다.

다음 표는 고대부터 현대까지 낙태에 대한 입장 변화의 흐름을 간략히 요약한 것이다.

시대	대표적 입장	특징 및 근거
고대	제한적 허용 또는 금지	의학적, 종교적 규범에 근거
중세	영혼의 유입 시점에 따라 판단	기독교 신학에 기반한 차등적 접근
근대	전면 금지 중심	여성 건강 보호 목적, 의학 미발달
현대	선택권 보장으로 이동	여성의 권리, 생명권 충돌 인식 증가

낙태 개념은 단순한 생명 중단 절차가 아니라, 그 배경에 존재하는 철학, 종교, 사회, 의료, 법적 요소들이 복합적으로 작용하는 하나의 윤리적 역사이다. 이러한 배경 이해는 현재 우리가 직면하는 낙태 논의의 깊이를 이해하는 데 중요한 단초를 제공한다.

3. 한국 사회에서의 낙태: 법, 정책, 현실

한국은 오랜 기간 낙태를 불법으로 규정해왔다. 1953년 제정된 형법 제269조와 제270조는 낙태를 형사처벌 대상으로 명시하며, 낙태한 여성과 시술한 자 모두를 처벌하도록 규정하였다. 이는 당시 국가가 태아의 생명을 보호하는 데 중점을 두었기 때문이지만, 실제로는 많은 여성들이 의료적·사회경제적 이유로 비공식적 낙태 시술을 받았다. 다만 1973년 모자보건법 제14조는 강간, 근친상간, 유전적 질환, 임산부의 건강 위험 등의 사유에 예외적으로 낙태를 허용하였다.[122] 그러나 이러한 법적 규제에도 낙태는 암암리에 시행되었으며, 2005년 한국보건사회연구원 조사에 따르면 한 해 약 34만 건의 낙태가 이루어진 것으로 추산되었다.[123] 이는 당시 출생아 수(43만 명)의 약 80%에 해당하는 수치로, 낙태가 비공식적이나마 광범위하게 존재하고 있었음을 보여준다. 법과 현실 사이의 간극은 여성 건강권 및 의료 접근성과도 직결되는 문제였다.

이러한 현실을 반영하여, 2019년 4월 11일 헌법재판소는 낙태죄에 대해 헌법불합치 결정을 내렸다. 재판소는 해당 법 조항이 여성의 자기결정권과 건강권을 과도하게 제한하며, 법의 균형을 상실했다고 판단했다.[124] 이에 따라 2020년 말까지 개선 입법이 요구되었으며, 국회가 관련 법을 통과시키지 않자 2021년 1월 1일부터 기존 낙태죄 조항은 효력을 상실하였다.

이와 같은 변화는 한국 사회가 낙태 문제를 도덕과 법의 영역에서 건강권, 성평등, 사회적 안전망 문제로 재구성하기 시작했음을 의미한다. 특히 여성의 건강권과 생명권 사이의 균형을 고민하는 움직임은 국제적인 비교에서도 주목할 만하다. OECD 국가의 평균 낙태율은 인구 1,000명당 약 11.6건(2020년 기준)인 반면, 한국은 2018년 기준으로 약 4.8건으로 추정된다.[125] 이는 한국에서 낙태 시술이 공식 통계에 반영되지 않아 낮게 집계된 것으로, 실제 수치는 훨씬 높을 것으로 예측된다.

다음 도표는 OECD 주요 국가와 한국의 낙태율 비교를 나타낸 것이다.

국 가	낙태율(1,000명당, 최근 기준)
미 국	14.4 (Guttmacher, 2020)
영 국	17.3 (ONS, 2020)
프랑스	14.9 (INED, 2019)
독 일	6.1 (Statistisches Bundesamt, 2020)
일 본	6.5 (후생노동성, 2020)
한 국	4.8 (KIHASA, 2018 추정)

위와 같은 낙태에 대한 공식적인 통계와 실태의 간극은 수치상만의 문제가 아니라, 여성 건강과 인권, 사회적 신뢰와 제도적 정당성의 문제로 직결된다. 앞선 도표에서 확인할 수 있듯, 한국의 낙태율은 공식적으로 낮은 수치를 기록하지만, 이는 낙태가 오랜 기간 불법이었고, 제도 밖에서 은밀하게 이루어져 왔기 때문이다. 여성들은 의료적 안전 없이 낙태 시술을 받거나, 사회적 낙인을 감수하는 이중의 위험에 노출되어 있었다.

이는 곧 제도적 장치가 실질적인 건강권을 보장하지 못했다는 반증이며, 여성의 목소리가 공적 정책 결정에 제대로 반영되지 않았음을 의미한다. OECD 국가와 비교했을 때, 한국은 상대적으로 낮은 낙태율을 보이지만, 이는 실태를 반영하기보다는 제도적 투명성과 건강 데이터 수집 체계 미비를 보여주는 결과로 해석할 수 있다. 낙태는 단순한 의료 시술이 아니라 개인의 신체와 삶에 중대한 영향을 미치는 결정이며, 이에 대한 충분한 정보 제공과 안전한 의료 접근성, 그리고 정서적 지지 체계가 반드시 필요하다. 따라서 우리는 이 간극을 '숫자의 문제'로 보아서는 안 되며, 이를 메우기 위한 제도적 개혁과 윤리적 성찰이 지속되어야 한다. 이는 여성의 건강권과 생명권을 보호하며, 우리 사회가 생명과 인권, 책임 사이에서 균형을 이루는 성숙한 공동체로 나아가기 위한 필수 조건이다.

4. 낙태에 대한 다양한 입장들

낙태를 둘러싼 윤리적 입장은 크게 두 갈래로 나뉜다. 첫째, '프로라이프'(Pro-life)는 태아의 생명을 절대적 가치로 판단하며, 낙태는 살인의 일종이라고 본다. 이 입장은 인간 생명은 수정 순간부터 고유한 인격적 존재로 인정되며, 법적으로나 도덕적으로 보호받아야 한다고 주장한다. 이러한 입장은 종종 종교적 관점과 결합되어 태아의 생명을 신성한 것으로 생각하는 전통적 기독교 윤리와 밀접하게 연결된다.[126]

둘째, '프로초이스'(Pro-choice)는 여성의 자기결정권을 우선시하며, 낙태는 여성의 권리로 보장되어야 한다고 본다. 이 입장에서 여성은 자신의 몸에 대해 결정할 권리를 갖는 독립된 주체이며, 임신과 출산에 대한 선택은 사회가 간섭할 수 없는 사적인 결정으로 여긴다. 특히 여성의 건강, 경력, 경제력, 가족계획 등 다양한 삶의 조건들이 태아의 생명권보다 선행될 수 있다고 본다.[127]

다음 표는 프로라이프와 프로초이스 입장의 주요 가치와 우선순위를 비교한 것이다.

입장	핵심 가치	우선순위	대표적 논거
프로라이프	생명 존엄	태아의 생명 보호가 여성의 선택보다 우선	인간 생명은 수정 순간부터 보호되어야 함
프로초이스	자기결정권	여성의 삶과 선택이 태아의 생명보다 우선	여성의 몸은 여성의 것, 강제 출산은 인권 침해.

그 외에도 양 입장의 중간지대에서 절충점을 찾으려는 다양한 견해

들이 존재한다. 예를 들어, 특정 임신 주수 이전까지만 낙태를 허용하자는 제한적 허용론은 과학적으로 태아의 뇌파 형성 시점(약 6주), 생존 가능성의 기준(약 24주) 등을 고려하여 일정 기간 내에서는 여성의 선택권을 인정하되, 이후에는 생명 보호 관점을 강화하자는 주장이다. 하지만 이러한 절충론 역시 태아의 생명과 여성의 권리라는 두 핵심 가치 사이에서 균형을 찾기란 쉽지 않다. 도덕적 기준과 생물학적 지표, 사회문화적 맥락이 복합적으로 작용하기 때문이다.

1) 태아의 생명권: 생명은 언제 시작되는가?

낙태 논의에서 가장 본질적인 질문은 "생명은 언제 시작되는가?"이다. 이 질문은 단지 생물학적인 의미를 넘어서 윤리적, 철학적, 종교적 판단을 수반하는 복합적인 사유를 요구한다. 생물학적으로 보면 인간의 생명은 수정이 이루어지는 순간부터 시작된다. 정자와 난자가 결합하면서 단일한 세포인 접합자가 형성되고, 이후 세포 분열과 유전자 발현이 지속되며 독립적인 유기체로 발달하기 시작한다.[128]

그러나 생명의 시작에 대한 논의가 생물학적 사실만으로 결정될 수는 없다. 기독교적 전통에서는 일반적으로 생명을 수정 시점에서 시작된다고 보며, 이는 성서에 근거한 신학적 해석에 기초한다. 예컨대 시편 139편 13-16절은 태아 상태에서 이미 하나님께서 그 존재를 아셨다고 기록한다. 현대 기독교 생명윤리학자인 닐 고서치(Neil Gorsuch) 역시 인간 생명은 수정 시점부터 존엄성을 가지며, 이는 윤리적, 법적 보호의 근거가 되어야 한다고 주장한다.[129]

반면, 일부 세속 윤리학자나 법학자들은 뇌파 발생 시점(임신 약 6주), 태동의 인지(약 18-20주), 또는 자궁 밖 생존 가능 시점(약 24주) 등을 기준으로 생명의 시작을 판단한다.[130] 이들은 생명을 단순한 생물학적 현상이 아니라 의식, 자율성, 사회적 관계 형성 능력 등과 연결하여 해석하며, 초기 태아는 인격적 존재로 보기 어렵다고 주장한다.

다음 표는 생명의 시작에 대한 다양한 관점을 정리한 것이다.

기준 시점	설명	대표 입장 및 근거
수정 순간	생물학적 개체로의 시작	Gorsuch(2006), 기독교 윤리
뇌파 발생 시점	뇌 활동의 시작, 잠재적 의식 형성	Singer(2011), 신경윤리
태동 인지 시점	어머니가 생명을 체감하는 시점	경험적/직관적 생명 인식
자궁 외 생존 가능	독립 생존 가능성 기준(약 24주)	미국대법원 Roe v. Wade(1973) 판례
출생 이후	사회적 인격으로의 진입	일부 극단적 공리주의 입장

이처럼 생명의 시작에 대한 다양한 관점은 과학의 문제가 아니라, 인간 존재에 대한 본질적 성찰이자 사회적 합의의 문제이기도 하다. 낙태 논쟁은 다양한 생명 이해의 충돌 위에 놓여 있으며, 생명윤리적 판단에는 과학적 지식과 철학적 사유와 신학적 통찰이 균형 있게 요구된다.

2) 생명의 경계에 선 이들: 태아의 권리, 여성의 권리

태아는 완전한 인격체인가? 여성은 자기 몸에 대해 절대적인 권리를 가지는가? 두 질문은 낙태 윤리 논쟁의 핵심이며, 생명윤리학의 첨예한 지점을 보여준다. 태아를 독립된 인격체로 인정할 경우, 낙태는 생명을 침해하는 행위로 규정될 수 있다. 반면 여성의 자기결정권을 무시하면, 여성은 임신과 출산이라는 생물학적 결과에 강제로 종속되는 결과를 가져올 수 있다. 이는 곧 여성의 신체적 자유와 인권을 심각하게 침해하는 결과로 이어진다.

이 논의에서 대표적인 이론으로 등장하는 것이 주디스 재비스 톰슨(Judith Jarvis Thomson, 1929-2020)의 '바이올리니스트 비유'이다. 톰슨은 강제로 누군가의 생명을 유지시키기 위한 도구로 여겨지는 것이 비윤리적이라는 점을 강조하면서 여성의 자기결정권을 옹호했다.[131] 그녀의 주장은 낙태란 생명을 끊는 행위가 아니라, 여성의 자율성과 신체 주권에 관한 문제임을 보여준다. 그러나 비판도 적지 않다. 특히 태아는 바이올리니스트와는 달리 어머니의 신체 내에서 성장하는 존재이며, 일방적인 의무로 보기 어려운 관계라는 점에서 태아의 생명권을 충분히 고려하지 못한다는 반론이 제기된다.[132]

낙태에 관한 논쟁은 두 생명의 권리가 충돌하는 윤리적 딜레마의 전형이다. 태아는 잠재적 생명이자 보호받을 가치가 있는 존재이며, 여성은 현재의 생명으로서 독립적인 판단과 선택을 할 권리가 있다. 두 권리를 균형 있게 고려하기 위해서는 권리의 절대화를 피하고, 사회적 연대와 제도적 보완을 함께 찾아야 하는 접근이 필요하다.

다음 도표는 태아와 여성의 권리 충돌을 중심으로 주요 윤리적 질문과 입장 차이를 비교한 것이다.

쟁 점	태아 중심 접근	여성 중심 접근
생명의 시작	수정 순간부터 생명	자각 능력 또는 자궁 외 생존 가능 시점부터
권리의 주체성	태아도 독립된 생명으로 권리 보유	여성의 자율성과 권리가 우선됨
윤리적 판단의 기준	생명 보호의 절대성	신체 주권과 삶의 질 고려
정책 방향	낙태 금지 또는 엄격한 제한	일정 조건 하 낙태 허용 및 선택권 보장

태아와 여성 모두 '생명의 주체'로 인정받아야 하며, 그 사이의 권리 충돌을 어떻게 조율할지는 법과 윤리만의 문제가 아니라, 사회 전체의 성숙한 합의와 공적 윤리 감수성의 성장이 요구되는 지점이다.

5. 기독교 공동체의 역할과 책임

기독교 공동체는 낙태를 법과 윤리 문제로만 보아서는 안 된다. 그것은 고통받는 여성의 삶과 세상에 태어나지 못한 생명의 문제를 함께 안고 가야 하는 '공감의 신학'이기도 하다. 낙태를 경험한 여성들은 종종 깊은 죄책감과 사회적 낙인 속에 방치되며, 이들에 대한 위로와 지지는 이루어지지 않는 경우가 많다. 예수께서는 죄를 단죄하기보다 죄인을 품으셨고 치유하셨다. 요한복음 8장의 간음한 여인을 향한 예수의 태도는 오늘날 교회가 낙태 여성들을 어떻게 대해야 하는지를 보여준다. 그렇다면 교회는 낙태를 경험한 여성에게 정죄보다 회복의 길을 제시할 책임이 있다. 이는 기독교 공동체가 생명을 보호한다는 사명을 다하기 위해 반드시 감당해야 할 사역이다.[133]

또한 교회는 생명교육, 성교육, 책임 있는 성 윤리를 교육하는 장으로 기능해야 한다. 교회는 낙태를 금지하라고 외칠 것이 아니라, 여성과 남성이 책임감 있게 생명을 맞이할 수 있도록 교육하고, 청소년들에게 건강한 성 가치관을 심어주어야 한다. 나아가 원치 않는 임신 상황 속에서도 생명을 선택할 수 있도록 실질적인 지원을 제공해야 한다. 여기에는 산전 상담, 미혼모 보호시설, 의료비 지원, 입양 연계, 심리 상담 등이 포함될 수 있다. 이러한 지원은 단지 여성 개인의 책임이 아니라, 공동체 전체의 책임이라는 인식 위에서 이루어져야 한다.[134]

다음 도표는 기독교 공동체가 낙태 문제에 대해 감당해야 할 주요 역할을 정리한 것이다.

분 야	역 할 설 명
회복과 치유	낙태 경험자에 대한 정죄보다 상담, 기도, 돌봄 사역 중심 접근
생명교육	성경적 생명관, 책임 있는 성윤리 교육
사회적 지원	미혼모 보호, 의료비 지원, 입양 제도 연계
공동체적 책임	생명 선택을 돕기 위한 교회 내 지지 체계 구축

기독교 윤리는 생명을 향한 단호한 외침이면서 동시에, 고통 중에 있는 이들을 품는 사랑의 윤리이어야 한다. 생명을 보호하기 위해서는 법적, 이론적 주장만으로는 충분하지 않다. 고통받는 이웃의 아픔에 동참하며, 실제적인 손과 발이 되어주는 섬김과 동행이 요구된다. 이때 교회는 생명을 지키는 최후의 방패이자, 생명을 품는 따뜻한 품이 될 수 있을 것이다.

6. 나가는 말

낙태는 쉬운 주제가 아니다. 이것은 인간 생명의 근본을 묻는 일이자, 여성의 존재와 권리를 성찰하는 일이기 때문이다. 여러분은 이제 자신의 삶을 설계하고, 사회적 책임에 눈뜨기 시작하는 시기에 있다. 이 시점에서 낙태라는 주제를 마주하는 것은, 윤리 문제를 넘어서 우리가 어떤 가치와 시선을 가지고 사람과 생명을 바라보는지를 시험하는 일이기도 하다. 무엇보다 낙태 문제에 대해 정답을 강요하기보다 각자의 삶의 자리와 경험, 고민 속에서 생명을 어떻게 바라볼지를 진지하게 질문할 수 있어야 한다. 생명을 선택할 수 있도록 돕는 사회가 되기 위해, 우리는 찬성과 반대를 넘어 실질적인 연대와 공감을 실천할 준비가 되어 있어야 한다.

　윤리적 명확성과 인간에 대한 깊은 공감과 존중을 함께 가져야 한다는 점은, 특히 미래의 부모가 될 여러분에게 중요한 화두가 될 것이다. 이 문제를 법과 제도의 틀 안에서만 보지 않고, 한 인간의 선택과 고통, 책임과 회복을 껴안을 수 있는 감수성이야말로 진정한 생명윤리의 출발점이다. 정답을 주장하기보다 각자의 처지 속에서 신중하게 판단하고, 타인 입장을 이해하며, 생명을 살리는 길을 함께 찾을 때, 우리는 더 성숙한 윤리의식을 가진 공동체로 나아갈 수 있을 것이다. 생명은 논쟁의 대상이 아니라 함께 지켜야 할 약속임을 기억하자.

참고문헌

보건복지부. 『모자보건법 해설』. 서울: 보건복지부, 2019.

한국보건사회연구원. 『인공임신중절 실태조사』. 서울: 한국보건사회연구원, 2005.

헌법재판소 2017헌바127 결정문, 2019.

Aquinas, Thomas. *Summa Theologica*. Benziger Bros., 1947.

Augustine. *The Enchiridion on Faith, Hope and Love*. New City Press, 1996.

George, Robert P. *Embryo: A Defense of Human Life*. Doubleday, 2008.

Gorsuch, Neil M. *The Future of Assisted Suicide and Euthanasia*. Princeton University Press, 2006.

Little, Margaret Olivia. *Abortion, Intimacy, and the Duty to Gestate*. Ethical Theory and Moral Practice, 1999.

Moore, Keith L. *The Developing Human: Clinically Oriented Embryology*. Elsevier, 2020.

Patrick, Lee. *Abortion and Unborn Human Life*. Catholic University of America Press, 1996.

Singer, Peter. *Practical Ethics*. Cambridge University Press, 2011.

Thomson, Judith Jarvis. A Defense of Abortion. Philosophy & Public Affairs, 1971.

Timothy, Keller. *Generous Justice*. Penguin, 2010.

Rae, Scott. *Moral Choices: An Introduction to Ethics*. Zondervan, 2018.

UN. World Abortion Policies 2022; 김승현 외. 『인공임신중절 실태조사』. 서울: 한국보건사회연구원, 2021.

6단원

생명윤리 - 자살
나와 우리를 살리는 대화

1. 들어가는 말

가까운 친구가, 혹은 과거의 내가, 또는 바로 지금의 당신이 이 주제를 조용히 떠올리고 있을지 모른다. "살고 싶지 않다"는 생각은 먼 이야기가 아니며, 대학생이라는 삶의 무게 안에 점점 더 현실적인 고민이 되고 있다. 치열한 경쟁, 관계의 불안, 미래에 대한 불확실성 속에서 때로 삶의 의미를 잃기도 하고, 너무 힘들어 잠시 멈추고 싶다는 생각을 하기도 한다.

한국은 경제적 성장과 첨단 문화의 발전을 이루었지만, 동시에 자살률 세계 1위라는 안타까운 현실을 안고 있다. 특히 청년과 대학생들 사이에서 자살은 여전히 사회적 문제로 존재한다. 자살을 이야기하는 것은 금기시되지만, 오히려 침묵은 고통을 더 깊게 만들 수 있다. 우리는 자살을 개인의 선택으로 보지 않고, 사회와 공동체 책임으로 바라보아야 한다. 자살을 논의한다는 것은 생명을 지키기 위한 첫걸음이며, 절망의 순간에서도 함께 살아갈 길을 찾으려는 윤리적 실천이다. 특별히 이 글의 첫 문장을 읽는 지금, 어쩌면 여러분이나 또는 사랑하고 아끼는 누군가가 이런 순간을 지나고 있을지 모른다. 우리는 그 이야기를 시작하려고 한다.

2. 자살에 대한 기초 이해

'자살'(suicide)은 스스로 생명을 끊는 행위로 정의되며, 일반적으로 극심한 심리적 고통, 사회적 단절, 또는 삶의 무의미함을 느낄 때 선택되는 경우가 많다. 자살은 한 사람의 죽음이 아니라, 가족, 친구, 공동체에게 깊은 상실감과 죄책감을 남기며, 사회 전체에도 심리적 충격과 윤리적 질문을 남긴다.[135]

자살에는 다양한 유형이 있으며, 각각의 특성을 이해하는 것은 예방과 개입, 치유를 위한 중요한 출발점이 된다. 첫째, "계획된 자살"(planned suicide)은 오랜 시간 준비된 자살로 유서를 남기거나 유산 정리, 작별 인사 등 체계적인 행동이 동반된다. 이 경우 자살의 원인은 만성적인 우울증, 말기 질환에 대한 공포, 반복적인 실패 경험 등이 포함된다. 둘째, "충동적 자살"(impulsive suicide)은 극심한 감정적 동요 상태에서 순간적인 충동으로 이루어지는 자살이다. 이 유형은 10-20대 청소년과 청년층에서 많이 나타나며, 가족 간의 갈등이나 대인관계 문제, SNS상의 비난 등에 영향을 받는다. 셋째, "연관 자살"(cluster suicide)은 특정 인물의 자살 이후 비슷한 방식이나 시기에 자살들이 발생하는 현상으로, 특히 청소년 또는 지역 공동체 안에서 발생 빈도가 높다. 유명인의 자살 보도 이후 유사한 자살 사례가 급증하는 '모방 자살'도 여기에 속한다.[136] 넷째, "자살-자해 연계 행동"(self-injurious behavior with suicidal intent)은 자해를 반복하다가 자살로 이어지는 경우로, 특히 자아정체감에 혼란을 겪는 청년층이나 경계성 성격장애를 지닌 사람에게서 많이 나타난다.

다음 도표는 자살의 주요 유형을 정리한 것이다.

자살 유형	주요 특징 및 사례	주된 위험 요인 및 특성
계획된 자살	유서, 유산 정리, 죽음에 대한 침착한 준비	만성 우울증, 말기질환, 삶의 무의미감
충동적 자살	감정 폭발, 즉흥적 선택, 후회 흔적 존재	관계 갈등, 학업/진로 실패, 실연 등
연관 자살 (모방 자살 포함)	특정 인물 자살 이후 연쇄 자살 발생	유명인 자살 보도, 공동체 내 충격
자살-자해 연계 행동	반복적 자해와 점차 강화되는 자살 시도	낮은 자존감, 정체감 혼란, 정서 조절 실패

이처럼 자살은 단일한 사건이 아니라 다양한 맥락과 원인, 방식 속에서 발생하는 복합적인 현상이다. 따라서 정확히 이해하고, 각 유형에 맞는 예방 및 개입 방안을 찾는 것이 중요하다. 특별히 대학생들은 자살 개념과 유형을 명확히 이해하여 자신의 감정과 주변 신호를 더 예민하게 감지하고 적극적으로 대응할 수 있는 힘을 기를 수 있다.

3. 통계로 보는 한국 사회 현실

한국은 2003년부터 최근까지 OECD 국가 중 자살률 1위를 기록하고 있다. 2022년 기준 통계청 발표에 따르면, 인구 10만 명당 자살률이 약 26.0명으로 나타났으며, 이는 OECD 평균 자살률인 약 11.3명의 두 배가 넘는 수치이다.[137] 일본은 12.7명, 프랑스는 13.1명, 미국은 14.1명으로 한국보다 낮은 수치를 보이며, 캐나다는 11.8명, 독일은 9.2명으로 OECD 평균에 근접한 수준이다. 이러한 국제 비교는 한국의 자살 문제가 개인적 비극이 아니라, 국가적 구조와 정책 차원의 심각한 과제임을 보여주고 있다.

특히 20대와 30대에서는 자살이 사망 원인 중 1위를 차지하고 있다. 통계청에 따르면 2022년 기준, 20대 사망자 중 50% 이상이 자살로 생을 마감했으며, 한국 청년세대가 겪는 삶의 압박감과 정서적 고립이 자살로 이어지고 있음을 보여준다.[138] 대학생 자살도 매년 수백 건에 이르며, 이는 개별 학생의 문제를 넘어 교육 환경, 사회적 지지, 문화적 압박 전반에 대한 재검토를 요구하는 지점이다.

다음 도표는 한국과 주요 OECD 국가들의 연령대별 자살률을 비교한 것이다. 이 표를 통해 한국의 자살률이 특정 연령대에서 얼마나 높은지를 국제적으로 살펴볼 수 있다.

연령대	한국(2022)	일본(2021)	프랑스(2020)	미국(2021)	OECD 평균
10대	7.7	2.3	1.8	3.2	2.1
20대	21.4	9.2	6.0	14.5	8.3
30대	23.5	12.4	9.7	17.2	10.5
40대	27.9	15.1	11.4	19.8	12.7
60세이상	36.4	20.6	17.8	16.5	14.9

1자료: 통계청(2023), OECD Health Statistics(2023), 일본 후생노동성(2022), 미국 CDC(2022), 프랑스 보건부(2021)

이 도표는 연령대 전반에 걸쳐 한국의 자살률이 OECD 국가들보다 매우 높다는 점을 보여준다. 특히 10-30대 청년층에서 한국의 자살률은 타국보다 2~3배 이상 높게 나타났으며, 이는 통계상의 이상 현상이 아니라 한국 사회 전반에 청년세대가 겪고 있는 구조적 문제를 반영하는 수치이다. 10대의 경우, 한국은 10만 명당 7.7명이라는 자살률을 기록하는데, OECD 평균 2.1명의 3배가 넘는다. 20대와 30대에서도 각각 21.4명,

23.5명으로, 일본·프랑스·미국 등의 연령대보다 2-2.5배 이상 높은 수준이다. 이는 청년층이 경험하는 학업 및 취업 스트레스, 고립감, 비교 문화와 같은 심리사회적 압박이 다른 나라보다 훨씬 심각하다는 점을 시사한다. 이는 개인의 정신건강 문제로 돌릴 수 없는, 한국 사회 전반의 청년 정책, 문화적 기대, 관계망의 부재와 밀접하게 연결된 문제다. 이러한 수치는 단순 데이터가 아니다. 그것은 절망에 빠진 이웃의 외침이며, 우리 사회가 귀 기울여야 할 고통의 목소리다. 특히 대학생과 젊은 세대에게는 자살이 실제적인 현실이자 주변 문제가 될 수 있기 때문에, 이를 직시하고 예방과 치유를 위한 구체적 노력이 시급하다.

4. 자살의 원인

1) 심리적, 사회적, 경제적 요인

자살의 원인은 단순하지 않으며, 여러 차원에서 복합적으로 작용한다. 심리적 요인으로는 우울감, 자아존중감 저하, 무기력감, 정체감 혼란, 만성적인 스트레스 등이 자주 나타난다. 특히 반복되는 실패 경험이나 감정 조절의 어려움, 자기비하적 사고 패턴은 자살 사고를 고착시키는 경향이 있다.[139]

사회적 요인으로는 가족 간의 갈등, 친구 또는 사회로부터의 고립, 따돌림, 온라인 악성 댓글 및 사이버불링, 그리고 이혼이나 가정 해체 같은 구조적 단절이 있다. 여기에 사회적 낙인과 '약한 사람'이라는 이미지에 대한 두려움은 개인이 도움을 요청하는 것을 어렵게 만든다. 특히 한국 사회에서는 감정 표현을 억제하거나 약함을 숨겨야 한다는 문화적 규범이 자살 위험 요인을 숨기게 만든다.[140]

경제적 요인도 매우 중요하다. 실직, 장기적인 구직 실패, 등록금 및 학자금 대출에 대한 부담, 부채와 같은 재정적 압박은 미래에 대한 절망감을 가중시킨다. 특히 MZ세대는 일자리의 질과 안정성 부족, 집값 상승, 사회 계층 이동의 어려움 속에서 상대적 박탈감을 경험하며, 우울감과 자살 충동으로 이어질 수 있다.[141]

다음 도표는 자살 원인을 심리적, 사회적, 경제적 요인으로 구분하여 주요 내용을 요약한 것이다:

구 분	주요 원인 예시
심리적 요인	우울감, 자아존중감 저하, 무기력감, 감정조절 어려움, 반복된 실패 경험
사회적 요인	관계 단절, 따돌림, 가족 해체, 사회적 낙인, 감정 표현 억제 문화
경제적 요인	실직, 부채, 취업 불안정, 등록금 부담, 미래 불확실성

특히 대학생들은 학업 성취에 대한 압박, 경쟁 중심의 교육 환경, 취업 준비와 진로 불안, 부모나 사회의 기대와 자기 이상 사이의 괴리에서 오는 심리적 갈등을 겪는다. 수업 과제와 시험, 인턴십과 어학 자격증 준비, 끊임없는 비교와 평가 속에서 "나는 충분하지 않다"는 생각이 깊어진다. 어떤 학생은 성적표를 받고 한숨을 쉬고, 또 어떤 학생은 친구의 취업 소식을 듣고 자신을 무가치하게 여긴다. 아무렇지 않은 척 웃지만, 밤이 되면 스스로를 책망하며 눈물을 흘린다.

이러한 환경은 성적 평가와 비교 중심 문화 속에서 자기 부정과 좌절을 강화시키며, 자책감과 무가치함을 내면화하게 만든다. SNS 속에서는 모두가 멋지고 성공한 것처럼 보이고, 현실 속 나는 점점 작아지고 외로워진다. 진심을 털어놓을 사람이 없다고 느낄 때, 세상에서 소외된 존재라고 느낄 때, 마음속에 쌓인 외로움과 절망감은 생명을 끊고 싶은 충동으로 다가올 수 있다.

자살은 단순히 '죽고 싶은 마음'이 아닐 수 있다. 오히려 그것은 '지금의 고통에서 벗어나고 싶은 마음'일 수 있다. 그렇기에 우리는 자살의 원인을 단선적으로 보지 않고, 다양한 맥락에서 공감하고 이해하려는 노력이 필요하다. 이 공감은 누군가에게 다시 살아갈 수 있는 이유가 되고, 한 사람의 작은 관심은 한 생명을 살릴 수 있는 빛이 될 수 있다.

2) 자살과 정신건강: 우울증, 불안, 외로움

자살은 대부분 정신건강 문제와 밀접하게 연관되어 있다. 특히 주요 우울장애(major depressive disorder)는 자살의 가장 강력한 예측 요인 중 하나다. 세계보건기구(WHO)는 자살자의 약 90% 이상이 자살 시점에 정신질환을 가지고 있었다고 밝힌 바 있다.[142]

정신건강 문제 가운데 우울증은 가장 널리 퍼져 있는 위험 요인이다. 우울증은 슬픈 감정이 아니라, 삶에 대한 흥미 상실, 피로감, 집중력 저하, 자책감, 수면 장애 등 신체적·인지적 증상을 동반하는 만성적 질환이다. 많은 학생들이 "나는 왜 이렇게 무기력하지?", "다른 사람보다 못난 것 같아"라는 생각에 시달리며, 자신도 모르게 우울의 늪에 빠지게 된다. 이러한 우울은 때로 "나는 없어지는 게 낫겠다"는 극단적인 생각으로 이어질 수 있다.[143]

불안장애 역시 자살과 밀접하게 연결되어 있다. 불안은 긴장감이 아니라, 통제할 수 없는 미래에 대한 두려움과 반복되는 걱정, 예기 불안, 공황발작 등의 형태로 나타난다. 시험을 앞두고 식은땀이 나고, 친구의 작은 말에 상처받으며, 사소한 실수에도 자책하는 등 불안장애는 일상

생활을 어렵게 만들며 극단적인 선택 충동으로 연결될 수 있다.[144] 무엇보다 치명적인 것은 '외로움'이다. 외로움은 혼자 있는 시간만이 아니라, 사람들과 함께 있어도 마음을 나눌 수 없다는 깊은 '정서적 고립감'이다. 캠퍼스 안에서 수많은 사람과 함께 있어도 "진짜 내 이야기를 들어줄 사람이 없다"는 느낌은 더 깊은 고통으로 작용한다. 심리학자 존 카시오포(John Cacioppo, 1951-2018)는 외로움이 흡연이나 비만보다 생명에 더 큰 해를 끼칠 수 있다고 말한다.[145]

다음 도표는 주요 정신건강 문제와 자살 위험 간의 연관성을 요약한 것이다:

정신건강 문제	주요 증상 및 특징	자살 위험 요인
우울증	무기력감, 수면장애, 자책감, 흥미 상실	삶의 무의미감, 반복적 자살 사고, 자존감 저하
불안장애	과도한 걱정, 예기불안, 공황발작, 긴장감	극단적 상황 회피, 현실 회복 불능감, 자기 효능감 상실
외로움	정서적 단절, 고립감, 관계 부족, 이해받지 못함	정체성 혼란, 삶에 대한 소외감, 존재에 대한 무가치감

이처럼 정신건강은 개인의 기분 문제가 아니라, 자살로 이어지는 생명 위기의 핵심 요인이며, 이를 조기에 인식하고 이해하는 것이 예방의 첫걸음이 된다. 특히 대학생들은 우울, 불안, 외로움이 복합적으로 겹쳐 있는 경우가 많기 때문에, 평소 자신의 감정 변화를 민감하게 인지하고 정서적 신호를 미리 점검하는 습관을 기르는 것이 중요하다. 예를 들어, 하루 종일 피곤하거나 무기력하고, 예전처럼 즐겁던 활동이 더 이상 재미없게 느껴진다면, 이는 단순한 피로가 아닌 우울의 초기 신호일 수 있다. 또한 반복되는 불면이나 식욕 변화, 사람을 피하게 되는 행동 등이

반복된다면, 이는 내면에서 고통의 경보가 울리고 있다는 증거다. 이럴 때 필요한 것은 즉각적인 자기 인식과 믿을 수 있는 사람에게 털어놓는 용기다. 친구에게 "요즘 좀 힘들어"라고 말하는 것, 상담센터에 전화하는 것, 일기를 쓰며 감정을 표현해보는 것들도 예방의 한 형태다. 중요한 것은 혼자만의 문제로 생각하지 않는 것이다.

도움을 요청하는 것은 약함의 표시가 아니라, 건강하게 자신을 지키려는 용기이며 책임이다. 실제로 전문가 상담을 조기에 받은 사람들은 그렇지 않은 사람보다 회복 가능성이 훨씬 높다는 연구 결과도 있다. 그러므로 우리 모두는 스스로의 마음을 살피고, 누군가의 신호를 민감하게 감지하며, 무엇보다 서로에게 안전한 말과 귀 기울임을 제공할 수 있어야 한다. 그렇게 할 때, 우리는 스스로를 지키고 누군가를 살릴 수 있는 공동체의 구성원이 될 수 있다.

5. 기독교 신앙에서 본 절망과 소망

기독교는 인간의 생명을 하나님께서 주신 고귀한 선물로 이해한다. 창세기 1장 27절은 "하나님이 자기 형상 곧 하나님의 형상대로 사람을 창조하시되"라고 선포하는데, 이는 인간의 존재가 창조주의 형상을 지닌 존귀한 생명임을 의미한다. 따라서 자살은 개인의 고통을 끝내는 행위가 아니라, 하나님께서 부여하신 생명의 신성함과 창조질서에 반하는 중대한 선택으로 인정한다.[146] 그러나 기독교는 자살을 무조건 정죄하거나 단죄 대상으로만 보지 않는다. 예수 그리스도는 "수고하고 무거운 짐 진 자들아 다 내게로 오라 내가 너희를 쉬게 하리라"(마 11:28)고 말씀하시며, 절망 속에 있는 이들을 따뜻하게 초청하신다. 이 구절은 고통받는 이들이 죄책감이나 두려움 없이 하나님께 나아올 수 있는 근거를 제공한다.

성경 속 인물들도 깊은 절망을 경험했다. 엘리야는 로뎀나무 아래에서 "여호와여 넉넉하오니 지금 내 생명을 거두시옵소서"(왕상 19:4)라고 절규했고, 욥은 반복된 고통 속에서 "나의 생명을 싫어하고 … 살아 있는 것을 원하지 아니하노라"(욥 7:15-16)며 삶을 저버리고 싶어 했다. 그러나 하나님은 이들을 외면하지 않고, 천사를 통해 엘리야에게 먹을 것을 주시며(왕상 19:5-7), 욥에게는 새롭게 회복의 길을 열어주셨다. 따라서 신앙은 도덕적 금지나 금기의 수준이 아니라, 절망 가운데서도 희망을 붙드는 영적 근거이며 존재 이유를 다시 세우는 내적 힘이다. 헨리 나우웬(Henri J. M. Nouwen, 1932-1996)은 고통 속에서 들려오는 하나님의 음성을 "사랑의 내면적 목소리"라고 표현하며, 그 음성을 들을 때 비로소 우리는 무너진 심령 안에서도 살아갈 이유를 발견하게 된다고 말한다.[147]

아래 도표는 기독교적 관점에서 본 생명에 대한 핵심 개념을 정리한 것이다.

기독교적 생명 이해	성경적 근거	적용 예시
생명은 하나님의 형상	창 1:27	인간은 존엄한 존재이며, 스스로의 생명을 해할 권리가 없음.
고통 중에도 하나님의 동행	시 34:18, 욥 7:15-16	절망하는 자를 하나님은 가까이하신다는 믿음으로 위로와 용기를 줌.
자살에 대한 비정죄적 태도	마 11:28	정죄보다 회복을 강조하며, 공동체는 품고 도와야 함.
희망을 회복시키는 영적 능력	롬 15:13, 요 10:10	신앙은 죽음이 아니라 생명을 향한 선택을 가능케 함.

이러한 이해는 신학적인 주장이 아니라, 실제로 삶의 위기 앞에 선 이들에게 위로와 생명의 길을 제시하는 실천적이고 관계적인 윤리이다. 특히 신앙을 가진 대학생이라면 하나님 안에서 자신의 생명이 얼마나 소중한지를 되새기며, 나 자신뿐 아니라 주변 친구들의 생명도 함께 지켜내는 소명을 품을 수 있어야 한다.

6. 상담과 치유: 나 자신과 친구를 도울 수 있는 방법

대학생들은 자살 위기에 놓인 친구를 가장 먼저 알아차릴 수 있는 위치에 있다. 친구가 자살을 암시하는 말을 하거나 갑자기 이별을 준비하는 듯한 행동을 보인다면, 이 신호를 절대로 무시해서는 안 된다. 갑자기 밝아진 태도, 소중한 물건을 나눠주거나, "그동안 고마웠어"와 같은 인사를 반복한다면 위기의 징후일 수 있다. 이럴 때 말없이 곁에 있어주는 것만으로도 큰 위로가 된다. 그러나 더 중요한 것은 그 친구가 혼자 고통을 견디지 않도록, 전문기관의 도움을 받을 수 있도록 설득하고 동행하는 것이다.

또한 친구 이야기를 들을 때는 충고보다 공감과 경청이 중요하다. "그럴 수도 있겠다", "힘들었겠다"는 공감의 언어는 위기의 벼랑 끝에 선 사람을 다시 삶의 방향으로 붙잡아 주는 생명의 줄이 된다. 혹시라도 실제 자살을 계획하고 있다면, 직접적으로 "자살에 대해 생각해 본 적 있어?"라고 물어보는 것이 오히려 도움이 된다. 이는 금기어가 아니라 생명을 지키기 위한 대화의 문을 여는 질문이기 때문이다.[148] 만약 자신이 위기 상황에 놓여 있다면, 스스로 감정을 억누르기보다 표현하고 나누는 용기가 필요하다. 이는 약함이 아니라 생명을 지키는 책임이며, 회복의 출발점이다. 누군가에게 털어놓는 일, 상담센터를 찾는 일, 그 어떤 조그만 실천이라도 생명을 향한 결정이다. 치유는 완벽한 해결이 아니라, 고통 속에서도 하루를 견디는 힘을 함께 나누는 데서 시작된다.

다음은 위기 대응에 유용한 국내 기관들이다:

- 생명의 전화: 1588-9191
- 정신건강 위기상담전화: 1577-0199
- 한국상담심리학회 상담기관 안내 (http://www.kcpa.or.kr)

무엇보다 공동체는 생명 지킴이의 역할을 해야 한다. 대학은 학생들이 서로 연결될 수 있는 다양한 프로그램(멘토링, 소그룹 활동, 생명존중 캠페인 등)을 운영해야 한다. 공동체 내에선 "괜찮아?"라는 말 한마디가 생명을 지킬 수 있다. 또한 생명존중 교육은 단순히 정보 전달이 아니라, 공감과 성찰을 중심으로 이루어져야 하며, 자살에 대한 낙인을 줄이고 도움을 요청할 수 있는 분위기를 조성해야 한다. 한국자살예방협회에서 운영하는 '생명지킴이 양성 교육" 같은 프로그램은 대학생들에게 유익한 참여 기회를 제공한다.

다음 도표는 대학 공동체가 자살 예방을 위해 실천할 수 있는 핵심 과제를 요약한 것이다.

영역	실천 방안 예시
예방교육	생명존중 강의, 정신건강 세미나
감지와 지원	이상행동 감지 후 전문 상담 연계 시스템 운영
회복과 동행	위기 학생 멘토링, 치유 소그룹 활동 운영
구조와 정책	24시간 위기 대응 체계 구축, 캠퍼스 내 생명보호 가이드라인

7. 나가는 말

자살을 논의하는 일은 고통스럽고 어렵지만, 침묵은 더 큰 고통을 낳는다. 말하지 않으면 모른 채 지나가고, 침묵 속에서 생명은 점점 외로워진다. 우리는 누구나 마음속에 깊은 어둠을 품고 살지만, 어둠을 함께 바라봐 줄 누군가가 있을 때, 다시 삶을 향해 걸어갈 수 있다. 지금 곁에 있는 친구들, 그리고 여러분 자신이 그 누군가의 빛이 될 수 있다. 무심코 던진 따뜻한 말 한마디, 조용히 함께 앉아주는 그 시간, "괜찮아?"라는 진심 어린 물음이 어떤 이에게는 살아갈 이유가 된다. 생명은 그 자체로 귀하며, 한 사람 한 사람이 이 세상에 있어야 할 소중한 이유다.

이 세상에 '쓸모없는 생명'은 단 하나도 없다. 우리는 모두 크고 작은 절망 속에 있지만, 함께 나누고 들을 때 소망은 자라난다. 그러므로 자살에 대해 적극적으로 이야기해야 한다. 그러나 이것은 죽음을 이야기하는 것이 아니라, 더 깊고 진지하게 살아가는 법을 이야기하는 것이다. 나와 너, 우리 모두가 삶의 벼랑 끝에 선 사람에게 다시 살아갈 수 있는 다리가 되어주기를, 그 다리 위에서 생명의 이야기를 이어갈 수 있기를 진심으로 소망한다.

참고문헌

통계청, 『2023년 사망원인통계』 (서울: 통계청, 2023)

Benda, Brent B. *Causes of Suicide: Theories and Evidence*. Routledge, 2011.

Burns, David D. *Feeling Good: The New Mood Therapy*. Harper, 1999.

Durkheim, Émile. *Le Suicide*. Paris: Félix Alcan, 1897.

Joiner, Thomas. *Why People Die by Suicide*. Harvard University Press, 2005.

OECD. *Health at a Glance 2023*. OECD Publishing, 2023.

Phillips, David P. *The Influence of Suggestion on Suicide: Substantive and Theoretical Implications of the Werther Effect*. American Sociological Review, 1974.

WHO. *Preventing Suicide: A Global Imperative*. WHO Press, 2014.

7단원

생명윤리 – 사형
정의인가, 복수인가?

1. 들어가는 말

국가가 법이라는 이름으로 한 사람의 생명을 끊는다는 사실은 제도적 선택이 아니라, 인간의 존엄과 사회 정의에 대한 가장 극단적인 표현이다. 우리가 살아가며 누군가의 생명을 빼앗는 결정에 참여하거나 정당화할 수 있다고 여기는 순간, 사회는 생명에 대한 근본적인 물음을 다시 던지게 된다. 사형은 단순히 범죄자에 대한 형벌이 아니라, 인간이 인간을 어떻게 다루는지, 그리고 우리 사회가 어떤 가치 위에 서 있는지를 가늠하는 잣대가 된다.

사형이라는 제도는 사람들에게 강한 감정을 불러일으킨다. 피해자의 고통에 대한 공감, 분노, 정의에 대한 갈망, 그리고 다시는 같은 일이 일어나지 않기를 바라는 간절함이 복합적으로 작용한다. 이러한 감정은 이해할 수 있으며 무시해서는 안 된다. 그러나 이 감정이 우리를 생명 박탈의 선택으로 이끌 때, 우리는 그 선택이 정말로 최선인지를 되물어야 한다. 사형을 집행하는 행위는 단순한 범죄자 제거를 넘어서, 우리 모두의 양심과 도덕을 시험하는 문제이기도 하다. 따라서 사형제에 대한 논의는 찬성과 반대라는 이분법을 넘어, 생명의 가치와 정의의 본질,

회복 가능성, 그리고 공동체가 함께 나아가야 할 방향에 대한 깊은 질문으로 나아가야 한다.

2. 사형의 역사와 법적·정치적 기원

사형의 기원은 고대사회로 거슬러 올라간다. 기원전 18세기경 쓰여진 고대 바빌로니아의 『함무라비 법전』에 "눈에는 눈, 이에는 이"라는 탈리오 법칙(Lex Talionis)[149] 아래 다양한 범죄에 대해 사형을 포함한 강력한 형벌이 규정되어 있었다. 이러한 규정은 응보적 정의만이 아니라 사회 질서를 유지하고 범죄 재발을 억제하려는 의도에서 마련되었다.[150]

고대 로마 사회에서는 정치적 반역자, 살인범, 강간범 등은 공공장소에서 잔혹한 형태의 공개처형이 이루어졌으며, 이는 경고적 기능을 수행하였다.[151]

중세 유럽에서는 종교재판과 이단 심문, 마녀사냥 등 종교적 권위와 결합한 사형이 제도화되었고, 죄인은 종교적 심문을 통해 처벌받았으며 이 과정에서 무고한 이들이 희생되었다.[152]

근대에 들어서면서 사형은 국가 권력에 의해 조직적으로 관리되었으며, 프랑스 혁명기의 단두대는 법과 정치 권력의 상징이 되었다. 1793년 루이 16세(Louis XVI, 1754-1793)의 처형은 단지 한 왕의 죽음이 아니라 새로운 법과 질서, 공화주의 체제의 탄생을 알리는 사건으로 기록되었다.[153]

다음 이미지들은 고대부터 근현대까지 사형 집행의 형태가 어떻게 변화해 왔는지를 시각적으로 보여준다. 예를 들어, 첫 번째 이미지는 프랑스 혁명기 단두대를 통해 공개적으로 사형을 집행하던 장면을 보여준다. 이는 사형이 처벌 수단이 아니라 정치적 상징으로 사용되었음을 잘 보여준다. 두 번째 이미지는 중세 유럽의 교수형 장면을 묘사한 삽화로, 종교적, 사회적 권위가 사형을 어떻게 활용했는지를 나타낸다.

프랑스 혁명기 루이 16세의 단두대 처형 장면, 1794년/ 프랑스국립도서관

중세 유럽의 교수형 삽화, 익명의 판화

이러한 역사적 흐름은 사형이 범죄자에 대한 응보 수단이 아니라, 사회와 국가가 공권력을 행사하고 질서를 구축하며 권위를 드러내는 정

치적 장치로 기능했다는 사실을 보여준다. 따라서 사형의 역사를 살펴보는 것은 단순한 과거 회고가 아니라 오늘날 사형제도에 대한 이해를 심화시키는 데 필수적인 접근이다.

3. 세계의 사형제도 현황과 추세

오늘날 세계 각국은 사형제도에 서로 다른 입장을 취하고 있으며, 이 차이는 정치 체제, 법률 전통, 문화적 배경, 인권 의식 등 다양한 요인에 의해 결정된다. 국제앰네스티가 발표한 "Death Sentences and Executions 2023" 보고서에 따르면, 전 세계 195개국 중 112개국이 사형을 완전히 폐지하였고, 23개국은 법적으로는 사형제를 유지하고 있으나 사형을 집행하지 않고 있다.[154] 반면 60개국은 여전히 사형제를 법적으로 유지하고 있으며, 이 가운데 약 20개국은 정기적으로 사형을 집행하고 있다.

특히 중국, 이란, 사우디아라비아, 이집트, 미국 등은 해마다 높은 수의 사형을 집행하는 나라로 분류된다. 중국은 사형 집행 수를 국가 기밀로 분류해 정확한 수치사 공개되지 않지만, 국제 인권단체들은 매년 수천 건의 사형이 집행되는 것으로 추정하고 있다. 이란과 사우디아라비아는 종교적 율법에 기초한 형법을 유지하고 있어, 마약 범죄나 간통 등의 범죄에 대해 사형을 집행하고 있다. 사형이 가장 집중적으로 이루어지는 지역은 아시아와 중동이며, 이는 전통적인 법체계와 보복적 정의관의 영향으로 해석된다.[155]

반면 유럽 지역은 대부분 국가가 사형제를 폐지했으며, 유럽연합(EU)은 모든 회원국에 사형제 폐지를 입회원 조건으로 요구하고 있다. 실제로 유럽에서는 현재 벨라루스를 제외한 모든 국가가 사형제를 폐지한 상태다. 이러한 흐름은 사형에 대한 국제적 기준이 점차 생명 존중과 인권 보호를 중심으로 변화하고 있음을 시사한다. 유엔 총회 역시 2007년부터 정기적으로 '사형집행 유예 결의안(moratorium on the use of the death penalty)'을 채택하며 국제사회의 사형 폐지 흐름을 촉진하고 있다.

다음 도표는 대륙별로 사형제도 유지 여부를 비교한 것이다. 이 표는 각 지역의 인권 수준 및 사법체계의 차이를 반영하는 중요한 자료로 활용될 수 있다.

지 역	완전 폐지 국가 수	사실상 미집행 국가 수	집행 유지 국가 수
유 럽	47	0	1 (벨라루스)
아메리카	35	1	2
아프리카	26	10	18
아 시 아	14	7	24
오세아니아	6	0	1

4. 한국의 사형제도 현황과 실태

대한민국은 법적으로 사형제를 유지하고 있지만, 1997년 12월 이후 약 27년 동안 실제로 사형을 집행하지 않고 있다. 이는 사형제 폐지국은 아니지만 사실상 사형제도 시행을 멈춘 '사형제 유보국'으로 분류되는 이유가 된다. 유엔 총회가 정기적으로 발의하는 사형집행 유예 결의안에서 한국은 집행 유예국으로 분류되었고, 이는 국제사회에서 한국의 인권 수준에 대한 긍정적 평가로 작용한다.[156]

그러나 대한민국 형법 제41조는 여전히 사형을 법정형으로 규정하고 있으며, 2023년 기준으로 사형 확정자는 총 59명에 이른다.[157] 이는 사형이 법적으로 폐지되지 않았음을 의미하며, 언제든 제도적으로 집행이 가능하다는 점에서 여전히 긴장된 상태에 놓여 있음을 보여준다.

여론조사에 따르면 강력범죄 사건이 발생할 때마다 사형제 존치를 지지하는 여론이 급격히 증가한다. 예컨대 2021년 SBS가 한국리서치에 의뢰한 여론조사에서는 국민의 77.3%가 사형제도 존치에 찬성하는 것으로 나타났다. 이는 사형제도가 단지 법률적 조항이 아니라 국민 감정, 특히 '응보적 정의감'과 강하게 연결되어 있음을 드러낸다. 하지만 국제인권단체들은 이러한 감정적 대응이 근본적인 범죄 예방이나 정의 실현으로 이어지지 않으며, 오히려 사형제도가 비가역적 형벌로 인권 침해 위험을 내포한다고 강조한다. 실제로 무고한 사람에게 사형이 집행된 사례가 세계 각국에서 보고되고 있으며, 한국에서도 1975년 형장의 이슬로 사라졌던 인혁당 사건 피고인들이 훗날 무죄로 판명된 대표적 사례가 있다. 이는 사형이라는 제도가 자칫 돌이킬 수 없는 국가 폭력으로 기능할 수 있음을 보여주는 사례다.[158]

다음 도표는 한국에서 사형제 관련 주요 연표를 정리한 것이다. 이를 통해 사형제가 법적으로 존치되어 있음에도 실제로는 어떤 변화와 흐름을 거쳐 왔는지 한눈에 살펴볼 수 있다.

연 도	사건 및 동향	내 용
1997년	마지막 사형 집행	23명 동시 집행 이후 집행 중단
2007년	유엔 사형 집행 유예 결의안 참여	한국 정부, 결의안에 찬성
2010년	헌법재판소 판결	사형제 합헌 5:4 결정
2023년	사형 확정자 수	총 59명으로 유지 중

이러한 사실은 한국 사회에서 사형제도가 단순한 형벌 제도를 넘어서, 정치적, 윤리적, 감정적 층위까지 복합적으로 얽혀 있는 민감한 사안

임을 보여준다. 앞으로의 논의는 여론과 감정에만 의존하지 않고, 인권, 사법 정의, 회복적 정의의 관점에서 심층적으로 이루어져야 할 것이다.

5. 사형제 폐지론 vs 존치론

사형제에 대한 논쟁은 생명의 존엄성과 정의 실현이라는 두 핵심 가치 사이에서 지속적으로 이루어지고 있다. 폐지론자들은 무엇보다 생명은 인간이 임의로 끊을 수 없는 절대적 가치라고 강조한다. 이들은 사형이 돌이킬 수 없는 형벌이기에, 사법 시스템의 오류로 무고한 생명이 희생될 수 있는 가능성만으로도 폐지되어야 한다고 주장한다. 실제로 미국에서는 1972년 이후 약 190명이 사형 선고 이후 무죄로 밝혀졌으며,[159] 일본의 오사카 사카이 사건[160] 같은 경우도 사형 판결이 번복된 대표적 사례로 꼽힌다. 한국 역시 인혁당 사건 같은 오심 사례가 존재하며, 사형제가 국가 폭력으로 기능할 위험성을 드러낸다.[161]

또한 폐지론은 사형이 범죄 예방에 효과적이라는 명확한 증거가 없다는 점을 근거로 든다. 2012년 미국 국립과학아카데미는 사형의 억지 효과에 대한 연구 검토 결과를 발표하면서, "사형이 범죄율에 미치는 효과는 통계적으로 불확실하며 일관되지 않다"고 결론지었다.[162] 이 외에도 사형이 범죄자를 미화하거나 영웅화하는 반작용을 일으키며, 사회적 폭력성을 정당화할 수 있다는 비판도 제기된다.

반면 존치론자들은 사형이 강력범죄에 대한 강력한 응보 수단이라고 주장한다. 특히 연쇄살인, 아동 성범죄, 테러 등의 극악무도한 범죄에 대해서는 사형이 정의 실현의 마지막 보루라는 입장이다. 피해자와 유족의 고통은 금전적 보상이나 징역형만으로는 회복될 수 없으며, 사형은 그 고통에 대한 상징적 보상이며 응답이 될 수 있다고 본다.[163] 또한 범죄자에 대한 사회적 분노와 불안을 해소하고 법적 권위와 질서를 유지하는 데 사형은 중요한 도구로 기능할 수 있다고 믿는다. 여론 또한 이러한 주장에 힘을 실어준다. 2023년 한국갤럽 조사에 따르면 응답자의 76.1%가 사형제 존치에 찬성한다고 답했다. 특히 흉악범죄 사건 이후에는 사형제 존치 여론이 급증하는 경향을 보인다. 이는 사형제에 대한 대중의 지지가 범죄 억지보다는 정의 실현과 감정적 공감에 기초하고 있음을 시사한다.

다음의 도표는 사형 폐지론과 존치론이 주장하는 주요 논거를 비교한 표이다.

항 목	폐 지 론	존 치 론
생명에 대한 관점	생명은 절대적이며 국가도 침해할 수 없음	생명은 존중되어야 하나 극악범죄는 예외가 존재
사법 오류 위험	오심 시 생명 회복 불가능	신중한 절차로 오심 가능성 최소화 가능
범죄 예방 효과	사형의 억지력 통계적으로 불명확	사형이 잠재적 범죄자에게 경고 메시지를 줌
피해자 정의	피해자 회복은 생명 박탈이 아닌 회복적 정의로 가능	사형은 유족의 고통을 해소하는 정의의 한 형태
국제 흐름	대부분 선진국은 사형 폐지 추세	일부 국가는 사형을 유지하며 범죄 억제 효과 주장

이처럼 사형제도에 대한 논의는 단순한 찬반을 넘어, 생명과 정의, 감정과 이성, 개인과 공동체 균형이라는 다층적 윤리 문제가 따라온다. 이러한 복합적 구조를 이해하는 것이야말로, 사형제 논의에 우리가 가져야 할 비판적 사고의 출발점이 될 수 있다.

한편, 사형제 폐지를 주장하는 자들은 사형을 대체할 수 있는 형벌을 강조한다. 사형을 대체할 수 있는 형벌로는 종신형, 즉 무기징역형이 대표적이다. 종신형은 범죄자를 사회로부터 영구적으로 격리시키면서 생명을 박탈하지 않기 때문에, 생명존중과 범죄 억제를 동시에 고려하는 대안으로 제시된다. 실제로 유럽을 비롯한 많은 사형 폐지국들은 종신형 제도를 통해 사회 안전망을 유지하며, 국제사회에서도 사형제 폐지를 주장할 때 가장 빈번하게 언급되는 대안이 바로 종신형이다.[164]

하지만 종신형에도 분명한 한계는 존재한다. 첫째, 장기 수감으로 인해 교정시설이 과밀화되고, 수용자 개개인에 대한 교정과 처우가 어려워질 수 있다. 둘째, 종신형 수형자들은 장기간 사회와 단절되기 때문에 심리적 황폐화와 우울증, 무기력증 등 정신건강 문제에 노출되기 쉽다. 미국의 한 조사에 따르면, 종신형 수형자의 약 25%가 심각한 우울증 증상을 경험하며, 자살률도 일반 수형자보다 높은 것으로 나타났다.[165] 셋째, 종신형은 재사회화의 기회를 원천적으로 박탈한다는 점에서 형벌의 교정 기능과 배치된다. 특히 청년층에서 중범죄로 종신형을 선고받은 경우 이들은 삶 전체를 폐쇄된 공간 안에서 보내야 하며, 사회 복귀 가능성이 전혀 없다는 절망감에 사로잡히게 된다.

또한 일부 국가에서는 종신형이라 하더라도 가석방 제도를 운영하고 있으며, 이로 인해 피해자 유족 입장에서는 "진정한 정의가 실현되지 않았다"는 감정을 가질 수 있다. 예컨대 프랑스와 독일은 종신형을 선고하더라도 20-25년 수형 후 일정 조건을 충족하면 가석방이 가능하다.[166] 이러한 제도는 사법 정의와 인권 사이의 균형을 모색한 결과이지만, 유족에게는 감정적으로 받아들이기 어려운 경우도 있다.

다음 도표는 사형 폐지국들의 종신형 제도 운영 현황을 비교한 것이다.

국 가	종신형 여부	가석방 가능성	평균 수형 연한
독 일	있음	가능(15년 이후)	약 18년
프랑스	있음	가능(20-25년 후)	약 22년
노르웨이	없음 (최고형 21년)	없음	21년
미 국	있음	주별 상이(무기 징역형 중 일부는 가석방 불가)	25년 이상
일 본	있음	10년 이상 후 가능	약 20년

이처럼 종신형은 사형을 대체할 수 있는 현실적 제도로 기능하지만, 그 안에도 인권과 정의, 교정과 사회안정 간의 균형을 둘러싼 복잡한 쟁점들이 존재한다. 따라서 사형과 종신형 모두 완전한 해결책은 아니며, 처벌과 회복, 정의 실현 사이에서 균형을 찾기 위한 지속적인 논의와 제도적 보완이 요구된다.

6. 기독교 윤리에서 본 사형: 교회는 사형에 어떻게 응답해야 하는가?

기독교 윤리에서 인간 생명은 하나님의 형상대로 창조된 절대적 가치로 간주된다. 창세기 1장 27절은 인간이 하나님의 형상대로 창조되었다고 밝히며, 모든 인간의 생명이 존엄하고 신성하다는 신학적 기초가 된다. 이러한 관점은 고대 교부들 사상에 반영되어 있으며, 예컨대 아우구스티누스는 『신국론』에서 인간의 생명을 신의 질서 안에서 이해하며 그 신성함을 강조했다.[167] 이러한 관점에서 사형은 법적 제재를 넘어 하나님의 창조질서를 인간이 침해하는 행위로 해석될 수 있다.

한편, 구약성경은 일정한 조건하에 사형을 허용하지만, 이는 보복을 무분별하게 확대하지 않기 위한 제한적 장치로 이해되어야 한다. 레위기 24장 17절의 "사람을 쳐 죽인 자는 반드시 죽일지니라"는 규정은 당시 고대사회에서 통제된 정의 실현을 위한 제도였으며, 무분별한 복수와 감정적 처벌을 방지하는 기능도 했다.168 그러나 이러한 율법도 '눈에는 눈'의 보복의 원칙을 정죄한 예수 그리스도의 윤리에 의해 수정되고 완성된다.

신약에서는 예수 그리스도를 통해 복수의 논리가 아닌 '용서와 회복'의 윤리가 강조된다. 마태복음 5장 44절에서 예수는 "원수를 사랑하며 너희를 박해하는 자를 위하여 기도하라"고 말씀하셨고, 이는 폭력의 악순환을 끊고 새로운 공동체 질서를 제시하는 급진적 선언이었다. 예수의 이러한 윤리는 십자가에서 자신을 십자가에 못 박는 자들을 향해 "아버지여 저들을 사하여 주옵소서"라고 기도한 모습에서 가장 극명하게 나타난다(눅 23:34). 이런 맥락에서 사형은 복음의 정신과 배치되는 형벌로 여겨질 수 있다.

현대 기독교 전통에서도 이러한 시각이 강화되고 있다. 교황 요한 바오로 2세(Pope John Paul Ⅱ, 1920-2005)는 회칙 『생명의 복음』(Evangelium Vitae)에서 "오늘날 사회는 범죄자로부터 시민을 보호할 수 있는 효과적인 수단을 보유하고 있기 때문에 사형은 정당화될 수 없다"고 밝히며, 생명을 제거하는 대신 회복을 추구하는 방향으로 기독교 공동체가 나아가야 함을 강조했다.169 또한 2018년 교황 프란치스코(Pope Francis, 1936-2025)는 『가톨릭교회 교리서』 제2267항을 개정하여 "사형은 인간 생명의 존엄성과의 불일치로 인해 용납될 수 없다"고 명시했다.

이러한 입장은 로마가톨릭뿐 아니라 개신교 진영 일부에서도 확산되고 있다. 예를 들어 미국 장로교(PCUSA)는 사형 폐지를 공식적으로 지지하며, 생명의 존엄성과 회복적 정의를 기반으로 한 형벌 제도를 촉

구하고 있다.[170]

이처럼 기독교 공동체는 사형제도에 대해 단순한 찬반이 아니라, 생명을 어떻게 이해하고 공동체 안에서 어떤 정의를 구현할 것인가에 대한 신학적, 윤리적 성찰로 접근하고 있다.

다음 도표는 기독교 전통의 사형제도에 대한 입장을 시대별로 정리한 것이다.

시대 구분	사형에 대한 입장	대표 인물 또는 문헌
고대 교부 시대	조건부 수용	아우구스티누스, 『신국론』
중세	국가 권위 아래 집행 가능	토마스 아퀴나스, 『신학대전』
종교개혁기	국가 사법권 인정	칼뱅, 『기독교 강요』
현대 가톨릭	원칙적 폐지	요한 바오로 2세, 『생명의 복음』 (1995)
현대 개신교	폐지 지지 증가	PCUSA, 『사형에 대한 결의안』 (2010)

7. 나가는 말

사형제도는 법적 제도를 넘어서, 인간 사회가 생명이라는 가치를 어떻게 이해하고, 어떤 기준으로 다루는지를 드러내는 윤리적 거울이다. 한 개인의 생명을 법에 의해 끊는다는 행위는 우리 공동체가 인간의 존엄성을 어디에 두는지를 적나라하게 보여준다. 범죄에 대한 응보적 정의를 넘어 이러한 범죄가 발생하게 된 사회 구조적 문제와 개인이 범죄에 이르게 된 심리적·경제적 맥락을 함께 성찰해야 한다. 생명을 끊는 것보다 더 높은 차원의 정의가 가능하다는 사실을 되묻는 것은 우리 사회의 성숙도를 가늠하는 출발점이다.

진정한 정의란 생명을 제거함으로 완성되는 것이 아니라, 생명을 살리고 회복의 길을 모색하는 과정속에서 구현되어야 한다. 회복적 정의 (restorative justice)는 피해자와 가해자 모두 인간성을 회복시키고, 공동체가 상처 입은 관계를 치유하도록 초대한다. 우리는 단순한 제도적 찬반 논의에 머무르지 않고, 이러한 윤리적 질문들을 스스로 던지며 더 나은 공동체를 만들어가는 시민이자 미래 지도자들이다. "만약 당신이 이 세상의 정의를 결정할 수 있다면, 어떤 선택을 하겠는가?"라는 물음은 단순히 제도 개혁의 문제가 아니라, 자신이 어떤 인간으로 살 것인가에 대한 물음이기도 하다. 이러한 깊이 있는 성찰이야말로 사형이라는 무거운 주제를 진지하게 다룰 수 있는 건설적이고 책임 있는 출발점이 될 것이다.

참고문헌

김도형. 『형사정책론』. 서울: 박영사, 2022.
김한규. 『응보의 정의와 사형』. 서울: 박영사, 2017.
박원순 외. 『사형제도와 인권』. 역사비평사, 2000.
법무부. 『2023 교정통계연보』. 서울: 법무부, 2024.
朝日新聞社. "堺市で家族4人死亡, 父親を殺人容疑で逮捕 自らもけが." 『朝日新聞』, 2023년 10월 31일.
Amnesty International. *Death Sentences and Executions 2023*. Amnesty International Publications, 2023.
Augustine. *The City of God, Henry Bettenson* (trans.), with an introduction by G. R. Evans. Penguin Classics, 2003.
Beckley, John H. *Justice and Retaliation in Ancient Law*. Cambridge University Press, 2003.
Fagan, Garrett G. *The Lure of the Arena: Social Psychology and the Crowd at*

the Roman Games. Cambridge University Press, 2011.

Gane, Roy E. *Old Testament Law for Christians: Original Context and Enduring Application.* IVP Academic, 2017.

Hunt, Lynn. *Politics, Culture, and Class in the French Revolution.* University of California Press, 1984.

Moore, Robert Ian. *The Formation of a Persecuting Society: Power and Deviance in Western Europe, 950-1250.* Basil Blackwell, 1987.

National Research Council. *Deterrence and the Death Penalty.* The National Academies Press, 2012.

Ogletree Jr. Charles J. and Austin Sarat. *Life Without Parole: America's New Death Penalty?* New York University Press, 2012.

Paul Ⅱ, Pope John. *Evangelium Vitae.* Pauline Books, 1995.

Presbyterian Church USA. Resolution on Capital Punishment. Office of the General Assembly, Presbyterian Church, 2010.

Roth, Martha T. *Law Collections from Mesopotamia and Asia Minor.* Society of Biblical Literature, 1997.

UNODC. *Life Imprisonment: A Policy Brief.* United Nations Office on Drugs and Crime, 2015.

8단원

가정윤리 - 결혼과 가정

1. 가정의 목적

신이 창조한 인류 최초의 제도적 기관이며 피조 생물들을 다스리기 위해 신이 고안한 기초적인 조직이 가정이다(창 1:26). 창세기 1장 26절에서는 다음과 같이 말씀하고 있다.

"하나님이 이르시되 우리의 형상을 따라 우리의 모양대로 우리가 사람을 만들고 그들로 바다의 물고기와 하늘의 새와 가축과 온 땅과 땅에 기는 모든 것을 다스리게 하자 하시고."

여기서 '우리'라는 단어는 "삼위 하나님"을 가리키는 말이며, 삼위 하나님께서 서로 동의하시고 함께 창조하신 대상이 사람이었다. 창세기 1장 27절에는 다음과 같이 말하고 있다.

"하나님이 자기 형상 곧 하나님의 형상대로 사람을 창조하시되 남자와 여자를 창조하시고."

여기서 하나님의 형상을 따라 창조하셨다는 말은 다른 피조생물들과 달리 특별한 목적이 있게 창조되었음을 말하는 것이다. 그래서 26절에 '다스리게'하는 말은 인간 창조의 목적을 잘 말해주는 단어이다. 이와 같이 인간 창조의 목적은 가정을 통해 구현되고 완성된다고 할 수 있다. 창세기 1장 28절에는 다음과 같이 선포하고 있다.

> "하나님이 그들에게 복을 주시며 하나님이 그들에게 이르시되 생육하고 번성하여 땅에 충만하라 땅을 정복하라 바다의 물고기와 하늘의 새와 땅에 움직이는 모든 생물을 다스리라 하시니라."

성경은 인간이 모든 피조물을 생육하고 번성하여 땅에 충만하도록 잘 다스리게 하기 위하여 복을 주셨다고 말씀하고 있다. '잘 다스리는 것'이 인간에게 복이 된다는 사실을 선포하고 있는 것이다. 이는 인류에게 하나님이 선포한 최초의 복이다. 인간 창조의 목적은 가정이라는 기관을 통해 구현이 되며, 성경은 그것이 인간 자신에게도 복이 된다고 선포하고 있다.

2. 가정은 복의 통로

앞서 말한 내용과 같이 신이 인류에게 최초로 선포한 복은 "생육하고 번성하여 땅에 충만하며, 모든 생물을 다스리는 것"이었다. 물론 이 복은 모든 피조 생물에게 주어진 것이었다. 왜냐하면 생육하고 번성하여 땅에 충만 하는 것이 하나님의 뜻이었기 때문이다.

그런데 인류에게는 다른 생물에게는 없는 특별한 복을 동반한 창조 목적이 주어졌다. 그것은 '다스리는 것'이었다. 이는 남편 아담에게만 주어진 것이 아니라 부부에게 동일하게 주어졌다. 이렇게 가정의 창조 목적은 피조생물을 다스리는 것이고 그들로 생육하고 번성하여 땅에 충만하도록 돕는 것이었다. 인간으로 하여금 땅에 충만한데 머무르지 않고 모든 피조물을 다스리는 위치에 오르게 하신 것은 하나님이 인간에게 특별히 주신 복의 은총이었으며, 이것은 하나님의 뜻을 받들어 섬기도록 하기 위함이었다. 그래서 어떤 면에서 인간은 창조주와 피조물을 이어주는 복의 통로가 된다고 하겠다.[171]

3. 가정과 죄

가정은 하나님께서 창조질서의 기초 단위로 만드시고, 온 생물들을 다스리는 특별한 사명을 주셨는데 그 사명 수행에 실패했다.

> "여자가 그 나무를 본즉 먹음직도 하고 보암직도 하고 지혜롭게 할 만큼 탐스럽기도 한 나무인지라 여자가 그 열매를 따먹고 자기와 함께 있는 남편에게도 주매 그도 먹은지라"(창 3:6).

아담 가정의 죄는 명령 불순종의 죄라기보다는 하나님과 같이 되려는 역모죄(逆謀罪)라고 할 수 있을 것이다. 역모죄는 사형에 해당한다. 그래서 아담의 가정은 완전한 멸망 가운데 놓였지만 하나님은 교회를 통하여 인간의 가정이 구원을 받을 수 있도록 하셨다. 예수 그리스도의 보혈의 피로 사신 교회는 가정을 회복하기에 충분한 기능을 가지고 있다.

4. 가정과 교회

가정은 교회보다 앞서 조직되었고, 하나님에게 먼저 사명을 위임받은 기관이다. 하지만 교회와 가정 중에 무엇이 더 중요한가를 논하는 것은 현명한 질문이 아니다. 왜냐하면 가정과 교회는 비교하는 대상 기관이라기보다 상호 보완해주는 기관이기 때문이다.

가정: 교회의 기능을 필요로 한다

인류의 모든 가정이 영원한 사망의 죄 아래 있다. 그래서 모든 가정은 불안정과 비참함 속에 있다. 이러한 가정들을 하나님이 만드신 원래 모습으로 회복시켜 주는 유일한 곳이 교회이다. 인류 역사에 죄가 들어온 원죄 사건은 인간 개인에게 있었던 범죄 사건이 아니라, 하나님이 창조하신 가정에 들어와 창조질서를 무너뜨리고 창조주의 계획과 권위에 도전하였던 범죄 사건이었다.

아담과 하와라는 최초의 가족 구성원은 하나님의 명령을 어기고 선악과를 따 먹음으로 하나님과 같아 지려고 하였다. 이러한 죄된 행동은 결국 비참과 죽음을 불렀다. 다음은 하나님이 최초의 가족에게 주신 명령이었다.

> (창 2:17, 개정) "선악을 알게 하는 나무의 열매는 먹지 말라 네가 먹는 날에는 반드시 죽으리라 하시니라."

최초의 죄는 하나님의 명령을 무시한 결과였다. 그 후로 가족 아담과 하와의 죄는 자녀들에게로 전가(轉嫁)되었고, 자손들은 죄의 결과가 가져온 '비참과 죽음'의 결과를 최초 가족들과 마찬가지로 동일하게 맞이하게 되었다. 이것을 우리는 원죄라고 한다. 에덴동산의 최초 가족이 지은 죄 때문에 그 이후로 생겨나는 가족들은 모두 죄인이 되었고, 비참과 영원한 사망에 놓이게 되었다.

그렇다고 해서 모든 것이 완전히 끝난 것만은 아니었다. 여전히 가정에는 생명을 잉태하고 출산하는 기능이 있었다. 이 기능을 통해 사회와 역사가 만들어졌고, 하나님의 구원이 이르기까지 이 세상은 존재하게 되었다. 또한 하나님의 구원계획도 여전히 가정과 가정을 이어가며 존재하게 되었기 때문에 가정에는 여전히 교회 기능이 존재하는 것이다.

이와 같이 가정과 교회는 배타적인 관계가 아니라 상호 보완적이며, 유기적인 관계로 존재하게 되었다. 가정은 하나님의 사랑과 공의가 드러나는 복의 통로이기에 예수가 그리스도임을 믿고 인정하는 교회 기능이 가정 안에서 유지될 때, 가정은 살아나게 되고, 하나님이 계획하신 구원의 기능이 발휘 될 수 있는 것이다.

가정: 결혼을 전제로 한다

가정은 결혼이라는 제도적 장치를 통해 조직되는 것이 자연스럽다. 하지만 우리 사회에는 가정을 동거나 계약 결혼 같이 다른 형태로 조직하는 이들도 상당수 있다. 동거는 사회적 관습에 얽매이지 않고 만남과 헤어짐이 자유롭기 때문에 현대에 맞는 결혼 형태라고 생각한다. 그러나 가정은 사랑으로 결합되어야 한다. 따라서 두 사람이 결혼하기 전에 먼저 사랑이 있는지를 확인해야 한다. 확인과 점검 과정이 끝나면 서로 결혼하게 되는 것이다. 그리고 결혼 후에도 서로는 사랑을 확인하며 살아야 한다.

어떤 이는 사랑을 강조하는 것은 단지 이상론자들의 생각일 뿐이라고 한다. 동거는 주거비나 생활비 같은 지출을 절약할 수 있으며, 본격적인 결혼 생활 전에 미리 상대를 살필 수 있는 기회도 되기에 일석이조 효과도 있다고 판단한다.

하지만 현실론자들의 잘못된 주장에도 불구하고, 가정은 결혼이라는 공개적이고 합법적인 과정 안에서 이루어져야 함을 의미하다. 결혼은 반드시 일대일의 관계에서 맺어져야 한다. 아랍권의 결혼 풍습과도 같이, 일대 다수의 관계로는 허용될 수 없다. 왜냐하면 일대일 관계의 결혼 제도는 창조주 하나님께서 친히 만드신 제도적 장치이며, 가정을 정상적으로 시작하게 하는 올바른 시작이다.

가끔 사람들은 남자가 여자보다 우월한 존재적 이유를 가진다고 판단하는 경우가 있다. 하지만 성경은 오히려 남자보다 여자가 더 우월하다는 사실을 이야기한다. 예를 들면 남자는 흙으로 만들어졌다. 하지만 여자는 남자의 몸에서 채취한 갈비뼈로 만들어졌음을 말씀하고 보여주고 있다.

"여호와 하나님이 아담을 깊이 잠들게 하시니 잠들매 그가 그 갈빗대 하나를 취하고 살로 대신 채우시고"(창 2:21).

여자는 이미 만들어진 인간 존재로부터 향상된(upgraded) 존재임을 보여주고 있다(창 2:22). 여자는 남자보다 신체적으로 더 정교하며 기능적으로 우월하다고 할 것이다. 어떤 면에서 모든 피조물 중에 가장 마지막에 만들어진 존재이다(창 2:22). 이토록 최종적이며 또한 기능적으로 탁월한 피조물인 여자는 남자를 섬기는 벌을 받아야 했다(창 3:16).

"또 여자에게 이르시되 내가 네게 임신하는 고통을 크게 더하리니 네가 수고하고 자식을 낳을 것이며 너는 남편을 원하고 남편은 너를 다스릴 것이니라 하시고"(창 3:16).

죄 아래에서 탁월한 피조물인 여자는 남자의 다스림을 받아야 하는 벌을 받게 되었음을 성경이 증거하고 있다. 기능적으로 우월했던 여자가 남자를 주도한 결과, 가정적으로 죄를 범하게 되는 이유에서 하나님이 창조질서를 올바로 세우신 결과라고 할 것이다
이렇게 해서 가정의 가장은 남자의 몫이 되었다.
디모데전서 2장 11-12절 말씀을 주목해 보자.

"여자는 일체 순종함으로 조용히 배우라 여자가 가르치는 것과 남자를 주관하는 것을 허락하지 아니하노니 오직 종용할지니라."

이러한 사도 바울의 성경적 근거는 13절에서 찾을 수 있다.

"이는 아담이 먼저 지음을 받고 하와가 그 후며 아담이 속은 것이 아니고 여자가 속아 죄에 빠졌음이라"(딤전 2:13).

즉, 남자가 먼저 지음을 받았다는 말에서 창조질서의 원리로 볼 수 있고, 여자가 속아 죄에 빠졌음을 언급한 부분에서 우리는 창조질서의 원리를 다시 확인할 수 있다. 이러한 원리는 사람이 만들어질 때부터 자율적으로 지켜져야 했음에도, 최초 가정이 원죄(the sin)를 범하고 나서야 여자가 받는 벌의 결과로 질서가 세워졌음을 알 수 있다(창 3:16).
결론적으로, 성경은 가정이란 하나님 앞에서 하나님이 인정하시는

결혼의 제도로 조직되어야 하며, 남자와 여자로 구성된 일대일의 관계로 이루어져야 함을 말하고 있다. 더욱이 성경은 가정이라는 존재가 모든 피조 생물이 땅에 번성하여 충만하게 되는 창조 질서의 중요한 수단일 뿐 아니라, 인간이 모든 피조 생물을 다스리는 데 있어서 최종적 권위와 책임을 동반하는 제도적 기관임을 말하고 있다(창 1:26, 28).

가정: 이혼과 재혼

2014년도 통계청 자료에 따르면, 현재 한국의 이혼율은 2013년 115,300건으로 2012년도보다 약 1천여 건이 증가한 것으로 보고되었다.[172] 2014년 4월에 발표한 「2013년 혼인 및 이혼 통계」를 공지한 통계청 자료에 의하면, 우리나라 이혼율은 남녀 함께 재혼한 경우가 11%에 달하고 있다. 그리고 특이한 점은 해가 갈수록 노인들의 황혼 이혼율이 상대적으로 많아지고 있다.

통계청이 2023년에 공시한 통계 자료를 보면 결혼 대상자의 20%가 초혼이 아니다. 이러한 사회적 현상은 재혼자의 결혼에 "목사가 주례를 설 것인가?" 하는 문제가 생길 수 있다.

성경은 이혼에 관하여 어떤 주장을 하고 있을까? 물론 일부일처제가 성경적 원리라고 하지만 성경에 등장하는 인물들 중에는 일대일이 아닌 경우가 더러 발견된다. 아담의 7대 손인 라멕(① 아담- ② 가인- ③ 에녹- ④ 이랏- ⑤ 므후야엘- ⑥ 므드사엘- ⑦ 라멕)은 두 아내를 가졌으며, 그들로부터 얻은 세 아들 즉, 첫째 아내인 아다(Adah)로부터 얻은 두 아들 야발과 유발, 그리고 둘째 아내인 씰라(Zillah)로부터 얻은 아들 두발가인 등은 인류 문명에 큰 기여를 한 인물들이었다. 야발(Jabal)은 장막에 거주하며 가축을 치는 자의 조상이 되었고, 동생 유발(Jubal)은 수금과 퉁소를 잡는 모든 자의 조상이 되었으며, 배다른 동생 두발가인(TubalCain)은 구리와 쇠로 여러 기구를 만드는 자가 되었다(창 4:19-22).

가인의 후손 외에도 성경에 등장하는 인물 중에 두 아내 이상을 취한 자들이 여럿 있다. 이스라엘의 2대 임금이었던 다윗은 아내가 아홉 명으로 추정이 되며, 9명의 아내들에게서 얻은 아들이 19명이나 되었다. 그의 아내 중에는 신하의 아내인 밧세바도 있었다. 밧세바는 다윗과 간음한 사이가 되나 돌로 쳐 죽여야 한다는 율법의 적용을 받지 않았다. 오히려 다윗과의 사이에서 나온 솔로몬이 다윗을 이어 왕이 되었다. 다윗은 하나님의 마음에 드는 자였으나 가정을 이끌어 가는 것에서는 많은 문제를 보였다. 이러한 부분은 하나님이 다윗을 선택한 것은 그의 능력이 아니라 하나님의 은혜였음을 여실히 증명해 주는 부분이다.

성경은 일부일처제의 가정을 인정한다. 아담은 930세까지 하와와 살았다. 아내 하와는 아담과의 사이에서 가인, 아벨, 셋의 세 아들과 이후 팔백 년 동안 자녀들을 낳았다(창 5:1-5). 아담의 10대 손이었던 노아 때 지구에 큰 홍수가 일어났고, 모든 인류는 멸망하고 오직 그의 여덟 식구만 살아남았다. 인류의 새로운 조상이 된 노아의 세 아들들은 가정별로 흩어져 자리 잡게 되었다.

아담의 21대손이었던 아브람 때까지 대부분 사람들은 가정을 한 남자와 한 여자만으로 구성했던 것은 아니었다. 하지만 한 남자와 한 여자만으로 가정을 구성해야 할 것은 성경적 원리이며, 보편타당한 신앙의 가치이다. 신약성경에서 직분자를 선출할 때도 이 점을 볼 수 있다. 집사와 감독의 자격으로서 한 여자의 남자이어야 할 것을 강조하고 있다(딤전 3:2).

"그러므로 감독은 책망할 것이 없으며, 한 아내의 남편이 되며, 절제하며, 신중하며, 단정하며, 나그네를 잘 대접하며, 가르치기를 잘하며, 술을 즐기지 아니하며, 구타하지 아니하며, 오직 관용하며 다투지 아니하며 돈을 사랑하지 아니하며, 자기 집을 잘 다스려 자녀들로 모든 공손함으로 복종하게 하는 자라야 할지며"(딤전 3:1-4).

이렇게 결혼이 한 남자와 한 여자의 결합으로 이루어져야 하지만 그럼에도 이혼할 수 있는 경우가 성경에도 언급되고 있다. 첫째는 사별하는 경우이다. 남편이나 아내가 죽음으로 이별한 경우 재혼할 수 있었다. 둘째는 사별이 아니더라도, 음행의 연고로 이혼할 수 있다고 본다. 이는 할 수도 있다는 것이지 반드시 이혼해야 함을 강조하는 것은 아니다. 앞의 두 경우 모두 이혼이 성립하지만 재혼도 가능하다. 하지만 사별이나 이혼의 경우에도 꼭 재혼을 해야 한다는 것은 아니다. 음행의 연고로도 반드시 이혼을 해야 할 필요는 없다. 다만 할 수 있음을 보여주는 허락 규정일 뿐이다. 성경의 전체 흐름은 "할 수 있으면 용서하고 살아라"는 말씀이다. 그리고 "사별이나 음행하였을 경우에는 재혼 할 수도 있다"는 의미도 있다.

결론적으로는, 하나님 앞에서 하나님이 세우신 가정을 깨뜨리는 이혼을 함부로 해서는 안 되지만 허락이 되는 특별한 경우도 있다는 것이다. 이 특별한 경우는 사별하거나 음행한 연고일 경우이다. 이혼은 신중하고 또 신중해야만 한다. 하나님 앞에서 묵상하고 또 숙고해야만 하는 일이다.

"그런즉 이제 둘이 아니요 한 몸이니 그러므로 하나님이 짝지어 주신 것을 사람이 나누지 못할지니라 하시니"(마 19:6).

가정의 시작이 하나님으로부터였기에 마침도 하나님의 허락이 있어야 하는 것이다. 따라서 하나님이 기뻐하시는 방법과 결과여야만 한다. 가정은 생명을 잉태하는 자리요, 생명을 유지 양육하는 보금자리이기 때문에 할 수 있으면 가정을 지켜야 하고, 유지해야만 한다.

가정: 생명의 보금자리

가정은 생명을 잉태하고 생산하며 양육하고 조직하는 기관이다. 가정은 안식처이다. 우리가 지쳤을 때, 집에서 가족과 하루의 일과를 나누며 밖에서 얻은 피로를 푼다. 또한 걱정과 염려를 나누며 가까운 장래에 다가올 일들을 함께 꿈꾸며 설계한다. 이는 가정만이 가지는 고유한 기능이며 부모와 형제들이 함께 누리는 특권이다.

우리는 가정에서 관계를 통하여 사회성을 배양한다. 예로부터 전해져 오는 수신제가(修身齊家) 치국평천하(治國平天下)라는 구절의 뜻은 "나라를 다스리고 세상을 다스리는 그 첫걸음이 나를 먼저 다스리고, 가정을 잘 다스리는 것으로부터 출발해서 나라를 다스릴 수 있다"는 의미이다. 가정은 한 나라를 구성하는 가장 기초 단위이므로, 가정이 무너지면 사회와 국가가 흔들리게 되는 것이다.

가정은 인간에게 가장 근본적인 안식을 제공하고 회복의 기능을 가진다. 이 세상 어느 곳도 가정이라는 보금자리를 대신할 수는 없다. 보수적 신앙의 윤리적 가치는 첫째, 창조주 하나님이며, 둘째, 가정공동체이고, 셋째, 가정을 지켜 줄 수 있는 국가이다. 가정은 이 셋을 이어 주는 다리이며, 가장 작은 단위의 교회이기도 하다.

9단원

가정윤리 – 동성애

1. 가정과 동성애

하나님은 남자와 여자를 만들어 처음 가정을 이루셨다. 하나님의 창조에서 동성애를 찾아볼 수는 없다. 따라서 최근에 이슈가 되고 있는 제3의 성, 동성애는 하나님의 창조와는 상관없는 잘못된 가정관에서 비롯된 것이다.

하나님은 인간에게 생육하고 번성할 것을 요구하셨고, 나아가 세상을 다스리고 사회와 역사를 이끌어 가는 리더의 사명을 주셨다. 하지만 동성애는 새로운 생명을 잉태할 수 없고, 자녀를 번성하게 할 수도 없기에 동성애는 사회와 역사를 유지하는데 방해가 될 뿐이다. 따라서 동성애는 인간을 향하신 창조주 하나님의 계획에 반하는 도전행위에 불과하다. 하나님은 결코 동성애를 창조하신 적이 없으며, 죄악 가운데 있는 인간이 스스로 만들어 낸 잘못된 성적 취향일 뿐이다.

2. 동성애의 역사

성경이 제시하는 동성애 역사는 아브라함 시대로 올라간다. 시리아의 하란에서부터 가나안 땅에 함께 온 아브라함과 조카 롯이 세월이 흘러 늘어나는 식구와 가축들로 인해 분가할 수밖에 없었다.[173] 그래서 서로 지내야 할 장소를 정해야 했는데 아브라함은 들판으로, 조카인 롯은 소돔성으로 정했다. 하지만 조카 롯이 정한 소돔성은 성적인 문제를 비롯하여 여러 가지 죄악이 충만한 악한 도시였다. 그래서 하나님이 천사를 보내 그 성을 살피게 했는데 소돔성 사람들은 천사들을 알아보지 못하고 도리어 그들과 함께 성적인 쾌락을 즐기려 했다.

"롯을 부르고 그에게 이르되 오늘 밤에 네게 온 사람들이 어디 있느냐 이끌어내라 우리가 그들을 상관하리라"(창 19:5).

이에 하나님은 롯의 가족을 성 밖으로 피신시키고 하늘로부터 유황불을 내려 소돔성을 불태워 멸망시켰다. 이때가 기원전 약 2천 년 전으로, 지금으로부터 약 4천 년 전에 이미 동성애가 이 세상에 만연해 있었음을 보여준다. 따라서 성경은 동성애가 인류의 죄악 역사와 함께했음을 밝히고 있다.

3. 성경의 정의

동성애는 성경에서 분명하게 죄로 규정하고 있다. 레위기서 18장 22절에

"너는 여자와 동침함 같이 남자와 동침하지 말라 이는 가증한 일이니라."

여기서 가증스럽다는 말은 "아주 괘씸하고 얄밉다"는 뜻을 가진다.

이러한 행위는 하나님이 금하신 것을 취하거나 율법을 어기는 행위를 가리키는 말이다. 이렇게 동성애는 하나님의 주권적 권위를 무시하고 모독하는 악한 행위이다.

동성애에 대한 성경의 경고는 신약에서도 볼 수 있다. 고린도전서 6장 9절에는 '남색'하는 동성애자에 관한 자가 하나님 나라를 유업으로 받지 못할 것에 대해 경고하고 있다.

"불의한 자가 하나님의 나라를 유업으로 받지 못할 줄을 알지 못하느냐 미혹을 받지 말라 음행하는 자나 우상숭배하는 자나 간음하는 자나 탐색하는 자나 남색하는 자나"(고전 6:9).

로마서 1장 26절에서도, 여자 간의 동성애를 가리켜 '역리'라고 말하고 있다.

"이 때문에 하나님께서 그들을 부끄러운 욕심에 내버려 두셨으니 곧 그들의 여자들도 순리대로 쓸 것을 바꾸어 역리로 쓰며"(롬 1:26).

성경에서는 이와 같은 동성애를 부끄러운 욕심이라고 책망한다. 여기서 동성애를 부끄러운 욕심으로 표현한 이유는 동성애가 하나님보다 육신의 정욕을 더 앞세우는 일이기 때문이다. 그래서 어떤 면에서 동성애는 우상숭배라고도 정의할 수 있겠다. 왜냐하면 하나님보다 더 사랑하는 것이 우상이기 때문이다. 로마서 1장 24절 이하에는 이렇게 말씀하고 있다.

"²⁴ 그러므로 하나님께서 그들을 마음의 정욕대로 더러움에 내버려 두사 그들의 몸을 서로 욕되게 하게 하셨으니 [25] 이는 그들이 하나님의 진리를 거짓 것으로 바꾸어 피조물을 조물주보다 더 경배하고 섬김이라 주는 곧 영원히 찬송할 이시로다 아멘"(롬 1:24-25).

지금까지 살펴본 대로 동성애는 성경 전체에서 죄로 규정하고 있으며, 심지어 우상숭배 결과로 취급하고 있다. 따라서 우리도 동성애에 관한 분명한 신앙의 태도를 바르게 가져야 할 것이다.

4. 동성애와 인권

오늘날 사회는 동성애자들에 대해서 사회적 소수자, 또는 성적 소수자라는 단어를 사용하면서 그들의 인권을 강조하며 동성애를 합리화하려고 한다. 예를 들면 동성애자들은 성에 관하여 상대적 소수자이기에 이성애자들이 오히려 동성애자들을 배려해 주어야 한다는 논리이다. 또는 동성애는 단지 성적 취향의 하나일 뿐 혐오 대상이 아니라는 주장도 설득력을 얻고 있다.

최근 제정되고 있는 학생인권조례를 살펴보면 이 주장을 알 수 있다. 학생인권조례에는 학생들의 인권문제만 아니라 동성애자에 대한 권리에 관한 부분이 삽입되어 있다

학생은 성별, 종교, 나이, 사회적 신분, 출신 지역, 출신 국가, 출신 민족, 언어, 장애, 용모, 등 신체조건, 임신 또는 출산, 가족 형태 또는 가족 상황, 인종, 경제적 지위, 피부색, 사상 또는 정치적 의견, '성적 지향, 성별 정체성' 병력, 징계, 성적 등을 이유로 차별받지 않을 권리를 가진다.

최근 '바른 성문화를 위한 국민 연합'은 『동성애에 대한 불편한 진실』(2013)에서 동성애에 대한 정의를 세 가지 특징으로 분류하고 있다.

첫째, 마음 안에 동성을 향한 성적 끌림(sexual attraction)이 있을 때
둘째, 실제로 행동으로 옮겨서 동성과의 성관계(sexual behavior)를 가질 때
셋째, 자신을 동성애자로 인정하고 동성애자로서의 성 정체성(sexual identity)을 가질때

이러한 동성애를 최초로 학문적인 연구를 한 사람은 미국의 동물학자 알프레드 킨제이(Alfred Charles Kinsey, 1894-1956)이다. 하지만 그는 양성애자였기에 그 연구가 제대로 인정받지 못했다. 또한 생물학을 전공한 브루스 벨러 (Bruce Voeller, 1934-1994)는 1973년 몇몇 친구들과 국제 게이연맹(national Gay Task Force)을 만들었다. 알프레드 킨제이는 1980년대와 1990년대 미국 인구의 약 10%가 동성애자라고 주장하였다.

한편 국내에서도 '한국성과학연구소'가 2003년 밝힌 통계에 의하면, 자신이 동성애자라고 밝힌 비율은 0.2%, 양성애자들의 비율은 0.3%, 동성애 경험이 있다고 밝힌 비율은 1.1%라는 설문 결과를 내놓았다. 2011년 한국성과학연구소는 설문조사를 내어놓았는데, 성인 남성 1000명을 대상으로 조사한 결과 남성의 11%, 여성의 0.3%가 동성애 경험이 있다고 응답했다는 결과였다. 이러한 수치 결과는 2010년 현재를 기준으로, 한국의 총 동성애자의 대략 수치는 약 30,000명 정도로 추산하고 있다.

5. 교회 안의 논쟁

동성애 문제는 기독교계 안에서 큰 논쟁거리가 되었다. 1997년 동성 결혼을 허락한 미국장로교(PCUSA: Presbyterian Church in the United States of America)는 2011년 동성애자에 대한 성직 안수를 금지했던 헌법 조항을 폐지하기로 결의했다. 2014년 있었던 제221차 총회에서 결혼에 대한 재정의를 결정했는데, 그 내용은 "한 남자와 한 여자의 결합에서 '두 사람'의 결합"으로 변경, 조정하여 결정했다. 이러한 중요한 총회 결정들은 전체 대의원의 가부를 거쳐 2015년 3월 17일(화) 확정했으며, 2015년 6월 21일 발효되었다. 이러한 동성애 논란 결과로 미국장로교(PCUSA)는 1992년 이후 37%의 교인들이 교단을 떠났다고 워싱턴포스트지가 보도했다. 그리고 노회들 중에서도 동성애를 인정하지 않는 노회들이 존재하고 있다.

이렇게 미국장로교회가 동성애를 허용했다고 하지만 여전히 기독교계는 동성애에 대해 성경적 입장을 따르고 있다. 동성애에 대한 성경적 입장은 분명히 하나님 앞에서 죄라는 것이다. 이 죄는 창조주의 창조원리를 거스르는 죄라고 하겠다. 동성애는 잘못된 성적 취향이라고 하기보다는 변하지 않는 하나님의 말씀에 의해서 규정된 죄이다.

6. 나가면서

동성애는 비단 종교적인 문제만은 아니다. 동성애는 사회에 어두운 그늘을 만들고, 군대 복무를 어렵게 하며, 인구의 감소를 촉발하고, 사회의 규범적 행동들을 무너뜨리는 작용을 한다. 따라서 동성애는 종교적인 문제만이 아니라 사회 전반에 관여된 문제이다.

동성애는 남자와 여자로 가정을 이루신 하나님의 창조질서에 대한 도전행위이다. 동성애는 원죄(the sin) 아래 있는 모든 인류가 가진 잘못된 가정관이며, 하나님 앞에서 정상적이지 못한 행태일 뿐이다.[174] 하지만 "죄는 미워해도 죄인은 미워해서는 안 된다"는 기독교의 교리에 따라 동성애는 수용할 수 없고 미워하되, 동성애자는 하나님의 사람으로 회복되고 회개하여 하나님의 형상을 입은 백성으로 돌아오도록 실제적인 여러 가지 방법들을 동원하여 그들을 도와야만 할 것이다.

10단원

사회윤리 - 직업윤리

1. 들어가는 말

오늘날 우리는 산업화와 기술혁신이 주도하는 급변하는 사회 속에 살고 있다. 일자리는 끊임없이 새로워지고 사라지며, 인간이 담당하던 역할이 기술로 대체되고 있다. 이에 따라 직업 형태와 내용은 물론, 직업에 대한 윤리적 요구도 끊임없이 변화하고 있다. 이러한 변화 속에서 오늘날 대학생들은 다양한 진로 앞에 깊은 고민을 마주하고 있다. 어떤 직업이 나의 적성에 맞을까? 사회는 어떤 인재를 원하는가? 성공이란 무엇이고, 나는 무엇을 위해 일할 것인가? 이러한 질문은 단순히 직업 선택에만 그치지 않고, 우리가 어떤 삶을 살아갈 것인가에 대한 방향성과도 연결되어 있다. 그리고 직업의 선택을 놓고 어떤 이는 안정적인 수입과 삶의 여유를 추구하고, 어떤 이는 자신의 가치와 이상을 실현하는 진로를 설계한다. 그러나 중요한 것은 어떤 직업을 택하느냐가 아니라, 그것을 어떻게 수행할 것인가이다.

사회는 갈수록 복잡해지고, 개인 선택이 공동체 전체에 미치는 영향도 커지고 있다. 그렇기에 지금 이 시점에서 우리는 질문해야 한다. "나는 무엇을 위해 일할 것인가?" "내가 일하는 방식은 누구에게 어떤 영향을 미칠까?" 이러한 물음은 단순한 진로 선택의 고민을 넘어, 인간됨과 공동체성, 책임과 공공성이라는 윤리적 고민을 함께 요구한다. 그런 점에서 이 글은 이러한 질문들에 기독교적 가치관 속에서 성찰하고, 바람직한 직업윤리 방향을 함께 찾으려 한다. 그리고 여러분이 만나게 될 직업의 자리에서 신앙의 뿌리를 가진 윤리적 직업인이 되도록 이 내용이 작은 안내가 되기를 바란다.

2. 직업윤리란 무엇인가?

직업윤리에 대한 본격적인 논의에 앞서 기독교 역사 속에서 '직업'에 대한 관점을 형성한 중요한 사상인 '직업소명설'(Vocation Doctrine)을 이해할 필요가 있다. '직업소명설'은 종교개혁자 장 칼뱅(Jean Calvin, 1509-1564)에 의해 명확히 체계화된 기독교 직업관으로 모든 직업은 하나님의 거룩한 부름(Vocatio)에 응답하는 방식이라는 신학적 전제를 바탕으로 한다. 이는 중세까지 '성직'만을 거룩한 부름으로 여겼던 교회 전통에 반기를 들고, 모든 합법적이고 정직한 노동과 직업을 하나님께서 허락하신 거룩한 일로 보았다. 즉, 목회자나 수도사만이 아니라, 농부, 상인, 수공업자, 행정가, 학자 등 일반 직업에 종사하는 모든 사람이 자신의 자리에서 하나님께 영광을 돌릴 수 있다는 것이다. 이 개념은 특히 16세기 이후 자본주의 발전기에 상공업자 계층에게 큰 지지를 받았으며, 직업을 단순한 생계 수단이 아니라 소명의 자리로 인식하도록 만들었다.[175] 이와 같은 직업소명설의 전통은 오늘날 우리가 논의하는 '직업윤리' 개념의 출발점이 된다. 왜냐하면 '일'은 단순히 먹고살기 위한 노동이 아니라, 하나님과 이웃을 향한 도덕적 책임과 섬김의 행위라는 통합적 의미를 담고 있기 때문이다.

'직업윤리'(Professional Ethics)란 특정 직업에 종사하는 사람들이 따라야 할 도덕적 기준과 규범을 의미한다. 이는 법을 지키는 수준을 넘어 자신의 일과 역할이 사회와 공동체에 어떤 영향을 미치는지 성찰하고, 선한 영향력을 끼치려는 책임 있는 자세를 요구한다. 예컨대 의사는 병을 고치는 기술자가 아니라 생명 가치를 존중하고 환자의 전인적 안녕을 추구해야 하며, 이 과정에 의료 오남용, 과잉진료, 개인정보 보호 등 다양한 윤리적 갈등 상황을 직면한다. 교육자는 지식을 전달하는 것을 넘어 학생의 인격을 존중하고, 정의롭고 안전한 학습 환경을 조성해야 할 책임이 있으며, 학생 개개인의 삶의 방향에 긍정적 영향을 주어야 한다. 언론인은 진실을 전달하는 사명을 지닌 동시에, 왜곡과 선정주의 유혹 속에서 공익을 최우선으로 해야 하며, 기업인은 이윤을 추구하는 데 그치지 않고, 공정한 거래, 노동자 권익 보호, 환경 보호에 대한 책임을 져야 한다. 그리고 예술가나 콘텐츠 제작자와 같이 창의적 직군에서도 사회적 영향력이 커지면서 윤리적 기준에 대한 요구가 더욱 높아지고 있다.[176]

직업윤리는 일터에서 지켜야 할 규칙의 문제가 아니라, 인간으로서 어떤 자세와 태도로 일을 대할 것인가에 대한 근본적인 질문과 연결된다. 다시 말해 직업윤리는 곧 "직업을 수행함에 있어 어떤 태도로, 누구를 위해, 어떻게 일할 것인가?"에 대한 성찰과 실천의 영역이며, 이는 개인 양심뿐 아니라 사회 전체의 신뢰와 공공성 확보를 위한 필수적 요소다. 특히 최근에 간호사, 간병인, 사회복지사, 플랫폼 노동자 등 감정노동을 동반하는 직업군에서 직업윤리에 대한 요구가 더욱 커지고 있다. 예를 들어, 간호사의 경우 생명과 관련된 판단과 돌봄 속에서 인권, 존엄성, 안전성을 모두 고려해야 하며, 코로나19 같은 보건 위기 속에서 직업윤리 중요성이 사회 전체에 크게 제시되었다. 플랫폼 노동자의 경우, 디지털 기술에 의해 통제되는 노동환경 속에서 인간다운 노동 조건과 권리 보장이 중요한 윤리 과제가 되고 있다.

직업윤리는 일반적 윤리와 구별되며, 직업의 고유한 기능과 사회적 책임을 반영하는 규범이다. 도덕철학자 존 롤스(John Rawls, 1921-2002)는 『정의론』에서 "정의로운 사회란 각자가 맡은 역할을 수행하면서도 공정성을 잃지 않는 구조"라고 주장했다.[177] 이는 직업인의 행위가 개인의 성공에 그치지 않고, 사회 전체의 정의 실현에 기여해야 함을 뜻한다. 따라서 직업윤리는 각자의 직업이 갖는 공적 성격과 책임의식 속에서 정의와 신뢰를 구현하는 방식으로 작동해야 한다.

한편 마이클 보이어(Michael Boyer)는 직업윤리를 "사회적으로 인정된 직무수행 기준과 개인의 양심과 책임의식이 결합된 실천적 도덕"으로 정의한다.[178] 이 정의는 직업윤리가 단순히 법을 지키는 수준을 넘어서, 동료와 고객, 사회와의 관계 속에서 신뢰를 형성하고 공동체 유익을 위하는 방향으로 작동해야 한다는 점을 강조한다. 실제로 많은 기업과 기관에서는 직무 윤리강령을 제정하고 실천하도록 요구하지만, 그 효과는 결국 직업인이 갖는 내면의 윤리의식에 달려 있다.

<표 2-1> 직업윤리의 핵심 요소 요약

요 소	설 명
법적 책임	법률과 제도에 따른 직무 수행의 규범과 기준
도덕적 자율성	개인 양심에 기반한 성실성, 진실성, 정의감
관계적 신뢰	고객, 동료, 사회와의 신뢰를 형성하고 유지하는 인간적 태도
사회적 공익	직무를 통해 공동체에 긍정적 영향을 주고자 하는 사명 의식
직업 정체성	직업을 단순 수단이 아닌 자기 실현과 공동체 기여의 장으로 인식하는 태도

직업윤리는 이처럼 법적·도덕적·관계적·공공적 차원을 포괄하는 통합적 개념이다. 특히 대학생 시기에 다양한 차원을 인식하고, 직업 선택에 어떤 가치를 우선시할 것인지를 고민해보는 과정은 평생의 진로 윤리를 형성하는 데 결정적 역할을 하게 된다. 오늘의 직업세계는 빠르게 변하고 있으며, 새로운 직업들이 지속적으로 생겨나고 있다. 이 변화 속에서 흔들리지 않고 의미 있는 길을 선택하기 위해서는, 단지 기술과 스펙이 아니라 직업을 바라보는 깊이 있는 윤리적 시선이 절실히 필요하다. 이윤 중심의 가치관이 지배하는 현대사회에서는 직업윤리가 실천되기 어렵다. 그러나 직업을 생계 수단이 아닌 공동체에 기여하는 사명으로 본다면, 직업윤리는 모든 직업인의 정체성과 책임의 핵심이 되어야 한다.

3. 산업화와 직업윤리의 변화

1) 경쟁사회 속 윤리의 위기

산업화 이후 현대사회는 물질적 풍요와 기술적 진보를 이루는 동시에 인간의 가치와 도덕적 기준이 상대적으로 약화되는 현상을 보이고 있다. 특히 성과 중심의 경쟁 사회는 인간을 '능력', '성과', '실적'으로 평가하는 구조를 강화했고, 그 결과 윤리적 판단보다는 경제적 효율성이 우선되는 풍조가 만연하게 되었다. 이러한 흐름은 다양한 영역에서 윤리의 위기를 불러왔다.

무엇보다 산업화와 신자유주의 영향 아래, 효율성과 성과 중심 문화가 급속도로 강화되면서 직업윤리는 종종 조직 목표 달성의 장애물처럼 인정되었다. 기업들은 이윤 극대화를 위해 경쟁을 강조했고, 이러한 구조 속에서 인간 존중, 공정성, 공동체적 책임과 같은 윤리적 가치들은 후순위로 밀려났다. 실제로 많은 조직에서 '성과' 중시의 과도한 업무 강도, 내부 고발자에 대한 불이익, 성과 조작 등의 문제들이 빈번하게 발생했다.[179]

대표적인 예로, 일부 제조업체는 품질보다 원가절감을 우선하며 안전 문제를 포기했고, 이는 사회적 재앙으로 이어지기도 했다. 또한 다단계 하청 구조 속에서 노동자들이 비정규직으로 전락하며, 최소한의 인간다운 노동 조건마저 보장받지 못하는 사례가 속출하고 있다.

<표 3-1> 한국 직장인의 윤리적 갈등 경험 (2022년 설문 조사, n=1,000)

갈등 유형	경험 비율
상사의 부당한 지시	47%
내부고발 압력	23%
인사 불공정성	18%
기 타	12%

이러한 데이터는 통계 수치를 넘어, 구조적 문제로서의 윤리 위기를 보여준다. 단기적인 이익을 추구하는 경쟁 중심 문화는 조직의 신뢰 기반을 무너뜨리며, 장기적으로는 사회 전체의 윤리 수준을 하락시키는 결과를 낳는다. 따라서 직업윤리를 도덕 교육 차원이 아니라, 제도적 개선과 문화 혁신 문제로 접근해야 하며, 새로운 패러다임의 윤리교육이 필요한 시점에 와 있다.[180] 이처럼 "성과만이 정의"라는 논리는 인간을 한낱 자원으로 생각하게 만들며, 인간의 존엄성과 윤리적 책임을 훼손하는 구조적 문제를 낳는다. 결국 직업의 본질은 수단이 아닌, 인간다운 삶과 공동선을 실현하는 과정이라는 점에서, 심각한 윤리적 위기를 불러

온다. 우리는 이러한 산업화 유산을 비판적으로 성찰하고, 인간 중심의 윤리적 가치가 회복되어야 할 필요성을 절감하게 된다.

2) 윤리와 도덕의 차이, 그리고 직업에서의 적용

도덕(morality)은 일반적인 사회규범이며, 개인이나 집단이 옳고 그름에 따라 행동하는 기준이라 할 수 있다. 반면, 윤리(ethics)는 이러한 도덕을 바탕으로 한층 더 깊은 철학적 성찰과 비판적 사고를 통해 형성된 이론적 체계이다. 즉, 도덕이 "무엇을 해야 하는가?"에 대한 직관적인 규범이라면, 윤리는 "왜 그렇게 해야 하는가?"에 대한 반성과 질문을 포함한 체계적 분석이다. 윤리가 외적인 질서와 조화를 위한 기준이라면, 도덕은 내면의 성찰과 자기 책임에서 비롯되는 실천이다. 이 두 요소는 분리되어 작동하는 것이 아니라, 상호 보완적인 관계 속에서 직업윤리를 형성한다. 직업윤리는 사회적 책임을 다하는 동시에, 개인의 양심과 신념에 충실할 수 있는 방식으로 구현될 때 가장 건강하고 신뢰받는 형태로 실현된다.[181]

예를 들어, 공직자는 법과 제도를 따르는 외적인 윤리를 충실히 지켜야 하지만, 동시에 공동체를 위한 봉사 정신과 정직한 내면의 도덕성이 없다면 진정한 직업윤리를 실현했다고 보기 어렵다. 기업인도 회계상의 정직함만으로는 부족하며, 소비자와 사회를 향한 책임감과 지속가능성을 고민하는 도덕적 태도가 병행되어야 한다. 현대사회에서는 이러한 윤리와 도덕의 균형 감각이 점점 더 요구되고 있으며, 특히 권력과 자원이 집중된 직업군일수록 그 무게는 더욱 크다고 하겠다.[182]

이러한 구분은 직업현장에서 특히 중요하게 작용한다. 직업윤리는 도덕과 윤리 경계를 넘나들며, '구체적인 실천이 요구되는 현장에서 개인 양심뿐 아니라 사회적 책임까지 포괄하는 가치체계로 작동한다. 예를 들어, 회계사는 고객 이익을 지키는 것에서 더 나아가, 사회 전체의 신뢰를 고려해야 한다. 고객의 요청으로 수치를 조작하거나 탈세를 방조하는 것은 단기적으로는 고객에게 이익이 될 수 있으나, 장기적으로는 회계직 전체의 신뢰를 무너뜨리고 사회 전체의 재정 질서를 위협한다. 이러한 맥락에서 회계사는 도덕적 판단뿐 아니라 윤리적 성찰을 바탕으로 판단하고 행동해야 한다.

또한, 윤리적 기준은 직종에 따라 다르게 적용되기도 한다. 예를 들어, 변호사는 고객 이익을 최대한 보호해야 하지만, 동시에 법률 전문가로서 공공질서를 훼손해서는 안 된다. 언론인은 진실을 추구해야 하지만, 사생활을 침해하거나 가짜뉴스를 생산하는 것에는 윤리적 경계가 존재한다. 따라서 직업윤리는 단순한 개인의 도덕적 호불호를 넘어서, 사회적 신뢰와 제도적 안정성에 기여하는 공동체적 실천이어야 한다.

<표 3-2> 도덕과 윤리의 차이 및 직업윤리의 위치

항목	도덕(Morality)	윤리(Ethics)	직업윤리(Professional Ethics)
정의	사회 전반의 규범적 기준	도덕에 대한 철학적 성찰	직무 상황에 적용되는 윤리적 기준
성격	집단적, 문화적	분석적, 철학적	실천적, 규범적
적용 범위	개인/사회 전반	윤리학, 철학의 대상	특정 직무, 조직, 전문가 집단
예시	정직하게 살아야 한다	왜 정직이 중요한가를 분석	회계사의 정직성, 기자의 보도 윤리 등

3) AI 시대의 새로운 직업윤리 이슈

인공지능 기술 발전은 업무 효율성과 자동화를 넘어서, 전례 없는 윤리적 문제들을 수반한다. 특히 의료, 금융, 교육, 행정 등 우리 삶에 밀접한 영역에서 AI의 판단과 행동이 이루어지는 경우에 윤리적 파급력은 매우 크다. 예를 들어, 인공지능이 채용 과정에서 성별, 출신 배경에 따라 편향된 판단을 내리거나, 의료 영상 판독 과정에서 인종 간 차별을 재현하는 경우는 현실에서 문제가 되고 있다.[183] 알고리즘이 설계자의 편견을 내포할 수 있으며, 그 책임 소재가 불분명하다는 점은 법적·윤리적으로 중대한 도전 과제이다.

또한 개인정보 보호 문제 역시 심각하다. AI가 수집한 데이터를 활용해 맞춤형 서비스를 제공하는 과정에서, 사용자 동의 없이 정보가 활용되거나 유출되는 사례가 빈번하게 나타나고 있다. 나아가 AI의 자율성이 커질수록, "책임 주체가 누구인가?"라는 질문은 더 복잡해진다. 인간이 전적으로 제어할 수 없는 시스템에서 발생하는 결과에 대해 직업인은 어떤 윤리적 책임을 질 수 있는가? 이와 같은 질문들은 기존 직업윤리가 감당하지 못했던 새로운 규범 정립을 요구한다.[184]

뿐만 아니라 인공지능이 노동자 업무를 대체하거나 고용 구조를 바꾸는 상황이 현실화되면서, 자동화로 해고된 노동자의 권리는 어떻게 보호할 것인가 하는 문제도 제시되고 있다. 특히 플랫폼 기반 자동화 시스템은 인간의 노동을 비가시화하며, 통제권 없는 알고리즘에 의해 일자리와 수입이 좌우되는 구조를 낳고 있다. 이로 인해 '책임 없는 해고', '감정노동의 기계화', '감시 기반 노동환경' 같은 윤리적 문제들이 더욱 드러난다. 직무 효율성을 이유로 인간 노동을 대체하거나 축소시키는 방식은 경제적 비용 절감에 기여할 수 있으나, 인간 존엄성과 노동의 가치를 훼손할 수 있다. 이러한 문제는 특히 자동화 설비와 알고리즘 중심의 관리체계를 도입한 아마존 물류창고나 배달앱 노동 환경에서 극명하게 나타나며, 인간을 통제 가능한 부속품으로 환원하는 산업적 발상이 도덕적 성찰 없이 전개되고 있음을 시사한다.

AI는 단순히 효율성을 높이는 도구가 아니라, 인간과 사회를 다시 정의롭게 만드는 전환점이기 때문에 이 기술을 사용하는 주체들이 반드시 윤리적 성찰을 동반해야 한다. 기업, 정부, 개발자, 사용자 모두 기술의 결과에 대한 책임을 나누어져야 하며, 각 영역에서 책임성을 갖춘 설계와 운영이 필요하다. 윤리는 단순한 정답을 찾는 것이 아니라, 기술의 목적과 인간 존엄성, 공동체의 안전과 지속가능성을 함께 고민하는 복합적 작업이다. AI 시대의 직업윤리는 기술과 인간, 효율성과 도덕, 자동화와 책임성 사이에서 균형을 잡기 위한 지혜를 요구하고 있다.[185]

<표 3-3> AI 기술 확산에 따른 주요 직업윤리 이슈

분야	윤리적 딜레마	책임 주체	핵심 가치
의료	자동 진단 오류	병원, 개발자, 의사	생명, 책임성
고용	알고리즘 해고	플랫폼 기업	공정성, 노동권
교육	AI 튜터의 판단 오류	교육기관, 개발자	신뢰, 학습권
금융	차별적 대출 판단	금융기관, 알고리즘 설계자	정의, 투명성
행정	AI 판결의 오류	정부, 사법당국, 프로그래머	법치주의, 인권

따라서 신기술의 도입은 직업윤리를 강화할 분명한 이유가 되며, 결코 면제의 근거가 되어서는 안 된다. 오히려 첨단 기술을 활용하는 직업일수록 더욱 깊이 있는 윤리적 기준과 책임의식이 요구된다. 이는 단지 기술 교육에 윤리 과목을 추가하는 정도로 해결될 수 없으며, '기술을 통한

인간다움의 구현'이라는 철학적 고민이 병행되어야 한다.[186]

4. 한국 사회에서의 직업윤리 실태와 과제

한국 사회는 고도 성장기 이후 눈부신 경제 발전을 이루었지만, 동시에 직업윤리 위기도 함께 겪고 있다. 일부 공직자의 비리, 기업의 갑질 논란, 언론의 허위 보도, 병원과 학계에서의 연구윤리 위반 등은 직업윤리 부재의 대표적 사례로 지적된다. 특히 대기업 중심의 경제구조 속에서 노동자에 대한 불공정 계약, 언론의 편파 보도, 공공부문의 부패 사례는 단순한 개인 일탈이 아니라 구조적 병폐로 이해되어야 한다.[187]

2023년 실시된 '한국사회윤리조사'에 따르면 주요 직업군에 대한 국민의 신뢰도는 큰 차이를 보이고 있다.

<표 4> 주요 직업군에 대한 국민 신뢰도 (출처: 한국사회윤리조사 2023)

직업군	신뢰도 (%)
의 사	72%
교 사	68%
공무원	41%
정치인	17%

이러한 결과는 직업윤리가 개인의 윤리의식에 의존하는 것이 아니라, 제도와 문화, 교육 등 사회 전반의 기반 위에서 형성된다는 점을 보여준다. 예를 들어, 정치인은 법적 책임 외에도 공공성과 투명성이라는 윤리적 기준을 충족해야 하지만, 정당 중심의 권력 구조와 단기성과 위주의 정치 환경은 이를 방해하고 있다.[188] 또한 기업 역시 이익 중심의 경

영 구조 속에서 직업윤리를 실현하기 어려운 구조적 한계를 가지고 있다. 불공정 거래, 내부자 거래, 노동 착취 같은 문제는 윤리적 판단보다 수익 논리가 우선되는 환경에서 자주 발생한다.[189]

특히 청년세대가 일자리를 구하기 어려운 현실 속에서 생존을 위한 치열한 경쟁에 내몰리고 있다. 이로 인해 도덕적 가치보다 생존이 우선되며, 비정규직, 열정페이, 구직 과정에서의 불공정 경험은 윤리적 이상을 실천할 여유를 빼앗는다. 취업 스펙 경쟁은 때로 허위 경력, 인턴 이력 조작 등 비윤리적 관행으로 이어지며, 이는 구조적 불평등을 재생산하는 악순환이 된다. 실제로 2023년 고용노동부 '청년고용보고서'에 따르면, 청년 구직자 중 34.8%가 "경쟁에서 밀리지 않기 위해 비자발적으로 과장된 이력서를 작성한 경험이 있다"고 응답했다.[190] 이는 윤리적 판단이 개인 문제를 넘어 생존 구조 안에서 강요된 결과일 수 있음을 시사한다.

결국 직업윤리는 개인의 내면적 양심에만 맡겨둘 수 없는 사회구조 문제이며, 이를 해결하기 위해서는 정책적 개입과 제도적 감시와 공동체적 성찰이 함께 해야 한다. 윤리교육 강화, 공익제보자 보호, 기업의 사회적 책임 확대, 언론 감시 기구의 독립성 보장, 공정한 입시 및 채용 시스템 확립 등 다차원적인 대응이 필요하다. 무엇보다 다음 세대에게 '윤리적인 선택이 손해가 되지 않는 사회'를 경험할 수 있도록 제도와 문화가 뒷받침되어야 한다. 이윤과 성과를 기준으로 삼는 사회에서 벗어나, 신뢰와 정의, 이웃에 대한 책임이 중시되는 건강한 직업윤리 공동체로 나아가야 한다. 특히 대학은 직업윤리를 이론 교육의 일부로 다루는 것을 넘어, 공동체적 삶의 기준이자 실천적 가치로 학생들에게 내면화시키는 역할을 수행해야 한다. 대학 안에서의 학습, 인간관계, 과제 수행 등 다양한 생활 영역 속에서 직업윤리를 실천해 보는 경험이 축적되어야 하며, 체계적인 윤리 교육과 더불어 사례 기반 토론, 인턴십, 윤리적 리더십 프로그램 등이 필요하다.[191]

5. 기독교적 직업윤리를 위한 공동체적 실천

기독교는 직업을 생계 수단이나 개인 성취를 위한 수단이 아니라, 하나님께서 각 사람에게 주신 소명(vocation)으로 본다. 직업은 하나님의 뜻을 실현하는 장이며, 하나님께서 세상을 돌보시고 질서를 유지하시는 도구로서의 의미를 지닌다. 이는 종교개혁가 마르틴 루터가 "모든 직업은 하나님의 부르심이다"라고 주장하며, 사제뿐 아니라 농부, 상인, 공무원 등 모든 직업이 하나님을 섬기는 거룩한 소명이 될 수 있다고 강조한 데서 비롯된다.[192]

바울은 "무엇을 하든지 마음을 다하여 주께 하듯 하라"(골 3:23)고 가르쳤고, 이는 직업윤리 핵심인 '성실성'과 '책임'의 근거가 된다. 그리스도인은 직장에서의 행위 하나하나가 하나님 앞에 드리는 예배라는 자의식을 가지고 일해야 하며, 그 직업이 어떤 것이든 '섬김'과 '공의'의 정신으로 감당해야 한다.

따라서 기독교적 직업윤리는 다음 세 가지 핵심 원리로 구체화될 수 있다:

1. 정직과 신뢰: 잠언 11장 3절은 "정직한 자의 성실은 그들을 인도한다"고 말한다. 기독교적 직업윤리는 진실함과 투명성을 통해 신뢰를 형성하는 것을 우선 가치로 삼는다. 이는 고객, 동료, 사회와의 관계 속에서 정직을 기반으로 한 일관된 삶의 태도를 요구한다.[193]

2. 섬김과 겸손: 마가복음 10장 45절은 "인자가 온 것은 섬김을 받으려 함이 아니라 도리어 섬기려 하고"라고 말하며, 섬김의 본이신 예수님 정신은 모든 직업인에게 본보기로 제시된다. 조직 안에서 권위나 지위를 누리기보다, 공동체와 동료를 섬기고 존중하는 태도가 기독교적 직업인의 자세이다.

3. 공의와 정의: 미가서 6장 8절은 "오직 정의를 행하며 인자를 사랑하며 겸손히 네 하나님과 함께 행하는 것"이 하나님의 요구라고 말한다. 기독교적 직업윤리는 개인 윤리에 그치지 않고, 사회 구조 속 불의와 억압에 맞서 정의로운 변화를 추구하는 적극적 실천을 포함한다.[194]

실천 방안은 다음과 같다.
- 직업선택 시 가치와 사명 중심의 진로 설계: 단순히 연봉과 안정성만이 아니라, 하나님께서 주신 은사와 세상 속 소명을 기준으로 진로를 선택할 수 있어야 한다.
- 교회 내 직업인 네트워크를 통한 윤리교육 및 멘토링: 각 분야의 기독 직업인들이 후배들을 위해 윤리적 실천과 경험을 나누는 기회를 마련한다.
- 기독 청년단체와 NGO를 통한 사회적 책임 실천: 기독 청년들은 공공성을 지닌 NGO 활동, 사회적 기업, 공익 캠페인에 참여하여 직업을 통한 섬김과 봉사를 실천할 수 있다.

이처럼 기독교 직업윤리는 개인의 성취를 넘어 하나님 나라의 가치를 구현하고, 세상을 섬기는 거룩한 실천이다.

6. 나가는 말

직업윤리는 직장에서의 행동 규범이 아니라, 인간됨과 사회됨을 실천하는 장이다. 직업을 어떻게 수행하느냐는 질문은, "나는 누구인가?", "나는 어떤 가치를 위해 살 것인가?"라는 더 근본적인 물음과 맞닿아 있다. 앞으로 진로를 선택해야 할 대학생 여러분에게 직업윤리는 윤리 강의의 내용이 아니라, 평생 삶의 방향과 중심을 결정짓는 중요한 나침반이 될 수 있다.

지금 여러분이 선택하게 될 직업은 생계를 위한 수단을 넘어서 타인과 사회에 어떤 영향을 줄 것인가를 결정짓는 통로가 된다. 여러분은 한 사람의 시민이자 공동체의 일원으로 자신이 가진 능력과 직무를 통해 세상에 선한 영향력을 미칠 수 있다. 그러기 위해 지금 이 시기에 직업을 바라보는 관점과 태도를 바로 세우는 일이 절대적으로 중요하다.

기독교 세계관은 이러한 직업윤리에 생명과 방향성을 더해줄 수 있는 귀한 자산이다. 직업을 하나님의 부르심으로 이해할 때, 우리는 이것을 나를 위한 수단이 아니라, 이웃을 섬기고 세상을 회복하는 거룩한 통로로 받아들이게 된다. 여러분의 진로가 아무리 작아 보이는 자리일지라도 그 자리가 하나님의 손에 붙들릴 때, 세상을 밝히는 등불이 될 수 있다.

이제, 직업은 어떤 일을 할 것인가의 문제가 아니라, "어떻게 살 것인가?"의 문제이다. 그리고 이 물음에 진지하게 답할 준비가 되어 있는 여러분은 이 사회를 더 따뜻하고 더 공의로운 공동체로 이끌어 갈 수 있는 귀한 존재임을 잊지 말기 바란다. 그러므로 여러분이 시대의 어둠 속에서 윤리적 빛으로 살아가기를, 정의와 사랑의 발자취를 남기는 직업인이 되기를 진심으로 바란다.

참고문헌

고용노동부. 『2023 청년고용 실태조사』. 서울: 고용정보원, 2023.
김광수. 『성과주의와 윤리의 충돌』. 서울: 한울아카데미, 2018.
김대식. 『인공지능의 시대, 인간의 미래』. 서울: 동아시아, 2020.
김영민. 『윤리와 도덕의 철학』. 서울: 문학과지성사, 2016.
김현경. 『사람, 장소, 환대』. 서울: 문학과지성사, 2015.
김회권. 『성경의 관점에서 본 직업과 노동』. 서울: IVP, 2021.
루터, 마르틴. 『루터의 직업소명론』. 서울: 한국장로교출판사, 2009.
박성민. 『정치와 윤리: 공공의 책임을 묻다』. 서울: 민음사, 2019.
박진우. 『조직문화와 직장 내 윤리교육』. 서울: 커뮤니케이션북스, 2020.
윤태진. 『AI와 직업윤리의 미래』. 서울: 커뮤니케이션북스, 2022.
이광우. 『윤리 없는 성장의 그림자』. 서울: 나남출판, 2018.
정진우. 『대학과 윤리교육의 미래』. 서울: 커뮤니케이션북스, 2020.
조재형. 『기업의 탐욕과 윤리적 경영』. 서울: 한울아카데미, 2021.
한상복. 『직업인의 도덕성』. 서울: 학지사, 2019.
Boyer, Michael. *Professional Ethics and Civic Responsibility*. Routledge, 2015.
Eubanks, Virginia. *Automating Inequality*. St. Martin's Press, 2018.
O'Neil, Cathy. *Weapons of Math Destruction*. Crown, 2016.
Rawls, John. *A Theory of Justice*. Harvard University Press, 1971.
Veith Jr., Gene Edward. *God at Work: Your Christian Vocation in All of Life*. Crossway, 2002.
Wolterstorff, Nicholas. *Justice in Love*. Eerdmans, 2011.

11단원

사화윤리- 미디어 윤리
디지털 시대의 윤리적 선택

1. 들어가는 말

 디지털 기술의 발전과 함께 우리는 초연결 사회로 진입하였다. 스마트폰 하나만 있으면 누구나 기자가 되고, 누구나 방송인이 될 수 있는 시대가 되었다. 유튜버, 인플루언서, SNS 활동가 등 미디어 콘텐츠 생산자와 소비자 경계는 흐려지고 있다. 이제는 학생 여러분도 자신의 목소리를 수천, 수만 명에게 실시간으로 전할 수 있으며, 클릭 한 번으로 누군가의 인생을 바꿀 수 있다. 즉 여러분이 오늘 아침에 본 뉴스, 친구가 공유한 짧은 영상, 혹은 무심코 올린 댓글 하나가 누군가에게는 삶을 바꾸는 영향력이 될 수 있다. 유명 연예인의 말 한마디가 여론을 뒤흔들고, 익명의 글 하나가 기업의 존폐를 가를 수 있는 시대이다. 미디어는 이제 더 이상 전달 도구가 아니라, 우리 삶의 방향과 사고방식을 형성하는 강력한 존재가 되었다. 우리는 미디어를 소비하는 동시에 미디어의 일부가 되었다.
 이러한 상황에서 '미디어 윤리'는 단순히 언론인이나 전문가만의 문제가 아니다. 우리가 일상에서 미디어를 통해 말하고 듣는 존재이기에 윤리적 판단은 모든 사람에게 요구된다. '좋아요'를 누르는 단순한 행동

조차 어떤 가치에 동의하는 행위일 수 있고, 자칫 누군가에게 상처가 되기도 한다. 그렇다면 우리는 어떤 기준을 가지고 말하고 들으며 판단해야 할까? 이 질문에 대한 답을 찾는 것이 바로 미디어 윤리 수업의 출발점이다.

여러분은 오늘 이 수업을 통해 왜 '좋아요'를 누르는 행위조차 윤리적으로 숙고할 필요가 있는지 깨닫게 될 것이다. 따라서 이 장에서는 미디어 윤리의 개념과 본질, 그리고 이것이 갖는 사회적, 신학적 함의를 살펴보며, 특히 한국 사회와 기독교적 관점에서 의미를 고찰하려고 한다.

2. 미디어 윤리란 무엇인가?

미디어 윤리는 정보의 생산과 소비에 있어 도덕적 기준과 책임을 다루는 분야이다. 이는 단순히 언론인의 윤리를 넘어 광고, 영화, SNS 등 다양한 콘텐츠의 생산자와 소비자 모두에게 적용된다. 클리퍼드 크리스천(Clifford G. Christians)은 미디어 윤리를 "공공선을 위한 의사소통의 윤리적 기준"으로 정의하며, 이는 타인의 권리, 공동체, 진실이라는 가치를 중시한다고 주장한다.[195]

오늘날 미디어의 다양성과 파급력을 감안할 때 미디어 윤리는 사회 전체의 윤리와 직결된다고 볼 수 있다. 예컨대, SNS에서 한 개인의 게시물이 수십만 명에게 영향을 끼치고, 알고리즘에 따라 여론의 흐름이 결정되며, 광고는 소비자의 감정과 선택을 정교하게 조작한다. 이처럼 미디어는 공적 공간의 윤리와 개인의 양심 사이에서 끊임없는 긴장과 선택을 요구한다.

특별히 미디어 윤리는 일반적으로 다음 여섯 가지 원칙을 중심으로 작동한다: 사실성(truthfulness), 공정성(fairness), 투명성(transparency),

해악 금지(non-maleficence), 자율성 존중(respect for autonomy), 책임성(accountability)이다.[196] 그러나 현실에서는 이들 원칙이 서로 충돌하는 상황이 빈번하다. 예를 들어, 공공의 알 권리를 위해 투명성을 강조해야 할 경우, 개인의 프라이버시를 침해할 위험이 존재한다. 또는 기업 광고에서 사실성을 강조하면서도 수익성과 상업성이 압력을 가하는 경우가 많다.

다음은 미디어 윤리 원칙 간의 충돌을 설명하는 간단한 도식이다:

원칙 1	원칙 2	충돌 가능 상황 예시
사실성	해악 금지	범죄 피해자의 신상 공개 여부
투명성	자율성 존중	의료 광고에서 환자 사례를 구체적으로 드러낼 때
공정성	책임성	정치적 이슈 보도 시 특정 집단 편향 우려

이와 같은 윤리적 딜레마는 고정된 해답을 요구하지 않는다. 오히려 상황적 판단과 성찰, 토론을 통해 윤리적 결정을 내리는 것이 중요하다. 따라서 미디어 윤리는 정해진 규칙의 암기가 아니라, 끊임없는 토론과 성찰, 그리고 실천이 요구되는 '도덕적 실천의 장'이다.[197] 결국, 미디어 윤리는 정보를 둘러싼 힘과 책임을 어떻게 사용할 것인가에 대한 질문이다. 이것은 규범을 따르라는 명령이 아니라, 공동체 속에서 '무엇이 옳은가'를 함께 묻는 윤리적 여정이다.

3. 언론의 자유와 사회적 책임 및 그 한계

언론의 자유는 민주주의 사회의 핵심이다. 이는 권력 감시, 정보 전달, 공론장 형성의 기능을 수행한다. 언론은 정부와 기업, 다양한 사회 세력의 행위를 감시하고, 일반 시민에게 진실을 알리며, 공공의 이익을 위해 다양한 목소리를 전달할 책임이 있다. 그러나 언론의 자유는 무제한적 권리가 아니며, 반드시 사회적 책임과 균형을 이루어야 한다.

존 밀턴(John Milton, 1608-1674)은 1644년 『아레오파지티카(*Areopagitica*)』에서 "아이디어의 시장"(marketplace of ideas)이라는 개념을 제시하며, 다양한 의견이 자유롭게 표현되고 경쟁할 때 결국 진실이 드러난다고 주장하였다(John Milton, Areopagitica, 1644).[198] 이 주장은 오늘날 표현의 자유를 옹호하는 대표적인 철학적 근거로 남아 있다. 그러나 현실의 미디어 시장은 상업화, 정치적 편향, 클릭 중심의 수익 구조 등으로 이 이상과는 거리가 먼 구조로 작동하고 있다. 진실은 반드시 살아남는 것이 아니며, 자본과 권력이 선택한 정보가 다수를 지배하는 왜곡된 경쟁이 현실이 되었다.

미국 언론학자 데니스 맥콰일(Denis McQuail, 1935-2017)은 이러한 문제의식에서 언론의 사회적 책임 모델을 강조한다. 그는 언론이 단지 자유롭게 말할 권리를 넘어서 사회 전체를 위한 책임 있는 전달자 역할을 수행해야 한다고 주장한다.[199] 이 모델은 언론이 다음과 같은 사회적 책임을 져야 함을 제안한다:

1) 정확하고 공정한 정보 제공
2) 공공 이익에 대한 기여
3) 소수자 및 사회적 약자 보호
4) 자율적 윤리 기준 마련 및 내부 규제 시스템 유지

다음은 언론의 기능과 윤리적 책임을 비교한 표이다:

언론의 핵심 기능	윤리적 책임 요소
권력 감시(watchdog)	사실성, 투명성, 검증
정보 전달(informing)	정확성, 공정성, 과장 배제
공론장 형성(forum)	다양한 관점의 보장, 소수자 존중
여론 형성(agenda-setting)	객관성, 정파적 중립, 공익 중심의 보도

이러한 윤리적 책임을 무시하거나 소홀히 할 경우, 언론은 해악을 끼치는 존재가 될 수 있다. 현실에서는 허위 정보 유포, 프라이버시 침해, 선정주의 보도, 특정 정치 세력 편향 등이 언론 자유 한계를 드러내는 대표적인 사례다. 예를 들어, 2020년 한국의 유명 연예인 A씨가 악의적 보도와 사실 왜곡, 사생활 침해로 정신적 고통을 겪고 극단적인 선택을 하게 된 사건은, 언론의 자유가 개인의 권리를 침해하고 생명까지 위협할 수 있음을 보여준다.[200] 이러한 보도는 언론이 얼마나 쉽게 상업적 관심과 클릭 수에 굴복해 인간 생명의 존엄성을 침해할 수 있는지 보여주는 반면교사이다.

또한, 정치적 성향에 따라 언론이 사실을 편집하거나 왜곡 보도하는 경우 여론은 균형을 잃고, 사회는 분열되며, 민주주의의 토대인 합리적 공론장은 무너진다. 언론의 자유는 이 지점에서 한계를 가진다. 자유는 권리가 아니라 책임이다. 말할 권리를 주장하기 이전에 그 말이 공동체에 어떤 영향을 끼치는지를 끊임없이 반성해야 하며, 언론은 권력을 감시하는 동시에 자신이 또 다른 권력이 되는 것을 경계해야 한다. 따라서 언론 자유는 권리이기 이전에 책임이며, 자유는 윤리와 함께 갈 때 비로소 공동선을 위한 소통이 가능해진다. 윤리 없는 언론은 독이 되고, 책임 있는 언론만이 진정한 자유의 수호자가 될 수 있다.

그러나 현실에서는 허위 정보 유포, 프라이버시 침해, 선정 보도, 특정 정치 세력 편향 등이 언론 자유의 한계를 드러내고 있다. 예를 들어, 2020년 한국의 한 연예인 관련 보도에서 사생활이 무분별하게 노출되어 극단적 선택으로 이어진 사례는 언론의 자유가 어떻게 개인의 권리를 침해할 수 있는지 보여준다.[201]

결국 이러한 사례들은 언론 자유가 사회적 책임과 윤리적 성찰 안에서만 지속 가능하다는 점을 보여준다. 언론은 말할 권리를 주장하기 이전에 그 말이 공동체에 어떤 영향을 끼치는지, 누구를 보호하고 누구를 해칠 수 있는지를 끊임없이 반성해야 한다. 따라서 언론 자유는 권리이기 이전에 책임이며, 자유는 윤리와 함께 갈 때 비로소 공동선을 위한 소통이 가능해진다.

4. 허위 정보와 가짜뉴스의 윤리적 쟁점

가짜뉴스는 의도적으로 조작된 정보로써 정치적 이익, 경제적 수익, 이념적 확산을 목적으로 한다. 이는 잘못된 정보(misinformation)나 실수와 구분되며, 'disinformation'이라는 용어로 정의되기도 한다. 허위 정보는 민주주의를 위협하고 사회적 불신을 초래하며, 개인의 명예와 생명을 해칠 수 있다. 특히 디지털 시대에는 이러한 정보가 빠르게 전파되어 일상적인 의사결정부터 국가적 여론 형성에 이르기까지 심각한 영향을 끼친다. 대표적인 예로, 2020년 미국 대선에서 '선거 조작'이라는 근거 없는 주장이 소셜미디어를 통해 확산되었고, 이는 2021년 1월 6일 미국 의회 난입 사태까지 이어졌다. 코로나19 팬데믹 동안 백신 불신, 바이러스의 음모론 등이 퍼져 공중보건에 심각한 위협을 가했다. 이러한 가짜뉴스 유통은 알고리즘 기반 추천 시스템, 클릭 수 중심의 광고 수익 모델, 이용자의 확증편향(confirmational bias), 그리고 디지털 리터러시 부족 등 복합적 요인에 기인한다.[202]

다음 도표는 가짜뉴스 유통 구조를 단순화한 개념 모형이다:

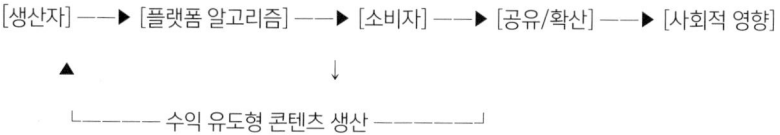

이러한 윤리적 문제는 크게 세 가지 축에서 고려되어야 한다. 첫째, 진실에 대한 책임. 언론인과 플랫폼 운영자 모두 정보의 진실성을 검증하고 허위 정보 확산을 막을 윤리적 책임이 있다. 둘째, 피해자 보호. 허위 정보로 인해 피해 입는 개인과 공동체를 보호하는 법적·윤리적 장치가 필요하다. 셋째, 플랫폼의 사회적 책임. 알고리즘 설계, 수익 모델, 사용자 관리 등 디지털 생태계를 구성하는 기술적 요소도 윤리적 검토의 대상이다.[203]

이에 대한 대응으로는 다음과 같은 윤리적·제도적 방안이 요구된다:

- 팩트체크 시스템 강화(Fact-checking organization의 독립성 보장)
- 언론인 및 콘텐츠 생산자의 윤리 교육
- 플랫폼 알고리즘의 투명성 및 수정 권고
- 시민의 미디어 리터러시 교육 확대
- 법제화 논의: 허위 정보 유포에 대한 규제 장치 마련

이 모든 것은 정보를 걸러내는 기술적 작업을 넘어 진실을 공동선의 중심으로 회복하려는 윤리적 시도이다. 가짜뉴스와의 싸움은 단순

한 정보 문제가 아니라, 진실과 정의, 공동체의 신뢰를 회복하는 도덕적 투쟁이다.

5. 한국 사회에서의 미디어의 역할과 책임

한국 사회는 정치, 경제, 종교, 문화 전반에서 미디어의 영향력이 지대하다. 특히 포털 중심 구조, 1인 미디어의 확대, 정치적 편향성 문제는 한국 미디어의 고유한 윤리적 쟁점이다. 디지털 환경의 고도화는 전통 언론과 포털, 유튜브 같은 플랫폼 사이의 권력 구조에 큰 변화를 불러왔다. 특히 네이버(NAVER)와 다음(Daum)과 같은 포털사이트는 뉴스 유통의 관문이 되었고, 배열 방식에 따라 국민 여론이 형성되는 정도가 심화되었다. 이는 여론의 다원성을 저해하고 클릭 수를 중심으로 한 콘텐츠 양산을 유도하는 구조로 이어졌다.

예를 들어, 포털사이트의 알고리즘은 이용자 선호를 기반으로 뉴스를 배열하며, 이에 언론사들은 '클릭 유도성 기사'를 양산하게 된다. 선정적이고 감정적인 제목이 많은 클릭을 유도하기 때문에 자극적인 기사들이 상위에 노출되고, 이로 인해 사실에 기반한 심층 보도는 점차 설자리를 잃게 된다. 또한 정치적 편향성 문제는 언론이 정파적 대립 도구로 전락하는 현상을 불러왔다. 이는 언론이 특정 정당이나 이념을 대변하는 경향으로 발전하면서, 공공의 신뢰를 약화시키고 사회 분열을 조장하는 결과를 낳았다.[204]

다음 도표는 한국 미디어 환경의 구조적 문제와 윤리적 대응 방향을 요약한 것이다:

구조적 문제점	윤리적 대응 방향
포털 중심 뉴스 배열	뉴스 추천 알고리즘의 공정성 확보
클릭 수 중심의 기사 유통	공공성 중심의 보도 기준 확립
정치적 편향 보도	언론의 정파 중립성 및 내부 감시 제도
1인 미디어의 무책임 보도	시민 대상 미디어 리터러시 교육 강화

따라서 한국 사회에서의 미디어 책임은 다음과 같은 방향을 지향해야 한다. 첫째, 공적 신뢰 회복. 언론은 정확성과 공정성을 바탕으로 시민의 신뢰를 다시 얻어야 한다. 둘째, 정파 중립성 확보. 언론은 특정 정당이나 세력의 대변자가 아닌, 공익을 위한 중립적 시각을 유지해야 한다. 셋째, 독립적 언론 구조 마련. 자본과 권력으로부터 자유로운 언론 생태계를 조성해야 한다. 넷째, 시민의 미디어 교육 강화. 미디어 수용자 역시 윤리적 소비자로서 책임 있는 판단을 할 수 있도록 교육받아야 한다. 이러한 노력이 축적될 때, 미디어는 단순한 정보 전달 수단을 넘어 사회적 통합과 공공성 증진의 매개가 될 수 있으며, 민주주의를 지지하는 건강한 여론 생태계를 조성할 수 있다.

6. 기독교 윤리와 미디어의 대화

기독교 윤리는 미디어 윤리와의 대화에서 독특한 기여를 한다. 창조 질서로서의 진리, 사랑, 공동체에 대한 기독교적 가치는 미디어 역할에 중요한 통찰을 제공한다. 성경은 인간의 언어와 소통에 책임을 요구하며(엡 4:29), 공동체를 세우는 말의 힘을 강조한다(잠 18:21). 기독교의 하나님은 말씀으로 천지를 창조하시고(창 1:3), 예수 그리스도는 말씀이 육신이 되어 오신 분이다(요 1:14). 따라서 기독교 신앙은 '말'과 '소통' 그 자체에 대해 깊은 신학적 의미를 부여한다.

예수 그리스도는 공생애 동안 진리를 말하고(요 8:32), 약자를 보호하며(마 25:40), 거짓과 위선을 고발하였다(마 23장). 이러한 태도는 오늘날 미디어 소비자와 생산자가 본받아야 할 윤리적 모범이다. 특히 정보가 왜곡되고, 진실이 묻히기 쉬운 디지털 시대에는 그리스도인의 말하기와 듣기, 공유와 전파가 더욱 신중하고 책임이 있어야 한다. 미디어는 진리를 위한 통로이자, 동시에 탐욕과 왜곡의 도구가 될 수 있음을 경계해야 한다. 닐 포스트먼(Neil Postman, 1931-2003)은 현대 미디어가 오락화되어 진지한 공론이 사라지고 있음을 비판하며, 정보의 형식이 그 내용을 결정하는 시대에 '말씀이 육신이 되어' 오신 예수를 잃어버린 문화의 위기를 지적하였다.[205]

다음 도표는 기독교 윤리와 미디어 윤리의 대화 지점을 정리한 것이다.

기독교 윤리의 가치	미디어 윤리적 적용 사례
진리(Truth)	사실 기반 보도, 왜곡 없는 정보 공유
사랑과 긍휼(Compassion)	약자 보호, 혐오 표현 지양
공동체성(Community)	분열 조장 콘텐츠 지양, 공공선 중심 콘텐츠 확산
책임(Responsibility)	발언의 영향 숙고, 클릭 유도성 콘텐츠 지양

따라서 기독교 윤리는 미디어에 대해 다음과 같은 윤리적 기준을 제시한다. 첫째, 진리 지향적 소통. 이는 단순히 거짓을 피하는 차원이 아니라, 하나님의 말씀을 본받아 '생명을 살리는 언어'를 지향하는 것이다. 둘째, 약자 보호의 윤리. 소수자와 사회적 약자에 대한 비하나 조롱이 아닌, 존중과 배려의 언어를 실천하는 것이다. 셋째, 자본과 권력 비판. 미디어가 자본의 논리에 휘둘려 진실을 왜곡하지 않도록, 비판적 감시자로서 역할을 감당해야 한다. 넷째, 공동체 형성을 위한 책임 있는 참여. 미디어는 공동체를 분열시키기보다 화해와 연대를 위한 통로가 되

어야 한다.

　이러한 기준은 미디어를 통해 세상을 섬기고 이웃을 사랑하는 기독교적 삶의 실천이 된다. 즉, 클릭이 아닌 '십자가적 책임'으로 말하고, 정보가 아닌 '복음적 소통'으로 응답하는 것이야말로 오늘날의 미디어 환경에서 기독교 윤리가 요청하는 삶의 방식이다.

7. 나가는 말

　미디어는 현대사회의 신경망과 같다. 그 영향력은 긍정적이기도 하지만, 동시에 파괴적일 수 있다. 따라서 미디어를 윤리적으로 성찰하고, 책임 있게 사용하는 것은 개인과 공동체 모두의 과제다. 본 장에서는 미디어 윤리의 정의, 언론의 자유와 책임, 허위 정보 문제, 한국 사회의 미디어 현실, 그리고 기독교적 윤리와의 대화를 통해 이 과제를 구체화했다. 특히 기독교는 진리의 하나님, 말씀의 하나님을 믿는다. 그렇기에 미디어를 통해 진실을 추구하고, 정의를 말하며, 사랑을 전하는 것은 신앙인의 책임이다. 미디어 윤리는 단순한 규율이 아니라, 하나님 나라의 윤리를 이 땅에서 실현하는 길이다.

　이제 이 글을 읽는 대학생 여러분에게 묻고 싶다. 여러분은 매일 무수한 정보를 접하고 또 전달한다. 이 과정에서 당신의 말은 누군가의 생각을 바꾸고, 삶에 영향을 미치며, 때로는 상처를 주거나 치유를 전할 수 있다. 여러분의 손에 들려 있는 스마트폰은 단순한 기기가 아니라, 진실과 거짓, 정의와 왜곡의 경계에 서 있는 윤리적 도구이다.

　그렇다면 지성인으로서 여러분은 어떤 자세를 가져야 할까? 첫째, 비판적으로 사고하라. 모든 정보는 가공되고 선택된 것이다. 진실에 이르기 위해 질문하고, 검증하고, 판단하는 태도가 필요하다. 둘째, 책임 있게 말하라. 단 한 줄의 댓글, 한 번의 공유가 누군가에게는 지울 수 없는 상처가 될 수 있다. 셋째, 공동체를 세우는 미디어 소비자가 되라. 혐오보다는 공감, 조롱보다는 존중, 분열보다는 연대를 선택하라.

이제 여러분 앞에 놓인 과제는 단순히 미디어를 '사용하는 것'이 아니다. 미디어 안에서 '윤리적으로 살아가는 것'이다. 말의 홍수 속에서 진리를 붙들고, 클릭의 유혹 속에서도 신앙과 양심으로 선택하는 것, 그것이 오늘날 대학생 지성인이 감당해야 할 결단이다. 이러한 윤리적 결단이 모일 때, 우리는 이 사회를 더욱 건강하고 진실하게 만들어 갈 수 있을 것이다.

참고문헌

김영욱. 『한국 언론과 정치의 관계』. 서울: 나남출판, 2019.
박용규. 『언론의 자유와 책임』. 서울: 한울아카데미, 2021.
Bowen, Shannon A. *Ethics of Public Relations*. Routledge, 2010.
Christians, Clifford G. John C. Merrill, Mark Fackler, et al., *Media Ethics: Cases and Moral Reasoning*. Routledge, 2016.
Gillmor, Donald. *Mass Communication Law*. Wadsworth Publishing, 2007.
Fortner Robert S. & P. Mark Fackler. *The Handbook of Media and Mass Communication Theory*. Wiley-Blackwell, 2014.
McQuail, Denis. *McQuail's Mass Communication Theory*. SAGE Publications, 2010.
Milton, John. *Areopagitica*, 1644.
Postman, Neil. *Amusing Ourselves to Death*. Penguin Books, 1985.

12단원

사화윤리- 환경윤리
창조와 생명을 위한 윤리

1. 들어가는 말

오늘날 인류가 직면한 환경 위기는 단순한 자연재해나 일시적 위협이 아니라 인류 문명의 지속 가능성을 위협하는 구조적 문제다. 기후변화, 생물종의 멸종, 자원의 고갈, 플라스틱과 같은 폐기물의 누적 등은 인간의 생활 방식과 가치 체계의 총체적 반성을 요구한다. 특히 산업화 이후 발전 지향적 패러다임은 자연을 무한한 자원으로 생각하며 인간 중심주의적 사고를 강화시켰고, 이는 환경에 대한 윤리적 책임의 결여로 이어졌다. 따라서 오늘날 환경위기에 대응하기 위해서는 기술적 해결이나 정책적 조치만이 아니라, 인간과 자연 관계에 대한 근본적 재정립과 윤리적 성찰이 필요하다. 따라서 이 장에서는 이러한 필요성을 바탕으로 환경윤리의 개념과 발전 배경을 고찰하고, 현대사회의 주요 환경문제를 윤리적 관점에서 분석하며, 인간 중심주의와 생명 중심주의의 대립 속에서 기독교 생태윤리의 가능성과 실천 방안을 함께 생각해 보려 한다.

2. 환경윤리의 개념과 역사

1) 환경윤리란 무엇인가?

'환경윤리'(environmental ethics)는 인간과 자연의 관계를 윤리적 시각으로 조명하고, 자연 자체가 도덕적 고려 대상이 될 수 있는지 탐구하는 철학적 학문이다. 1970년대 이후 환경파괴와 생태계의 붕괴가 심각한 문제로 드러나면서 본격적으로 독립된 윤리 분야로 발전했다. 특히 이 분야는 기존 윤리학이 인간 상호 간의 도덕적 관계에 한정되었던 것에 반해, 동물, 식물, 생태계 전체를 윤리적 고려 대상에 포함시켜 윤리학의 외연을 급격히 확장시킨다. 이는 인간의 권리와 이익을 중심으로 한 윤리 패러다임에서 생명의 내재적 가치와 상호연결성을 중시하는 생태 중심적 윤리관으로의 전환을 의미한다.

환경윤리는 기본적으로 세 가지 핵심 축을 가진다. 첫째, 자연에는 인간의 필요와 무관하게 그 자체로 존중받아야 할 내재적 가치가 있다는 인식이다. 둘째, 인간과 자연은 상호의존적이며, 인간의 행위는 생태계 전반에 영향을 미친다는 책임 윤리의 강조이다. 셋째, 환경 문제 해결을 위한 윤리적 원칙은 단순한 효율성과 이익의 문제가 아닌, 공정성과 정의, 책임과 연대 문제로 보아야 한다는 점이다. 이러한 윤리적 인식은 오늘날 "생태학적 정의"(ecological justice), "세대 간 정의"(intergenerational justice), "생명권"(right to life) 같은 개념들과 연결되며, 환경윤리를 생태철학과 정치윤리, 종교윤리 등과 통합하는 데 기여하고 있다.[206]

대표적인 환경윤리 사상가 중 한 사람인 홈즈 롤스턴 3세(Holmes Rolston Ⅲ, 1932-현재)는 자연이 인간의 도구가 아니라 스스로 목적이

될 수 있는 존재임을 강조하며, 생명체 각각의 존재가치와 역할을 존중할 것을 촉구했다.[207] 또한 롤스턴은 생태계 전체의 건강성과 안정성이 인간의 도덕적 고려 대상이 되어야 하며, 생물종과 생물권의 보호는 인간 사회의 도덕적 명령임을 주장하였다.

도표 2-1: 환경윤리의 주요 개념과 전통적 윤리학의 비교

구 분	전통적 윤리학	환경윤리
도덕적 주체	인간	인간 + 비인간 생명체, 생태계
윤리의 초점	인간 상호 간 관계	인간과 자연의 관계
가치 중심	도구적 가치	내재적 가치
대표 개념	자유, 정의, 권리	생명권, 상호의존, 생태정의

따라서 오늘날 환경윤리는 더 이상 단순한 이론적 논의가 아니라, 생태위기 속에서 새로운 삶의 방식과 세계관을 모색하게 하는 실천적 윤리로 자리 잡고 있다.

2) 환경윤리의 형성과 발전 배경

환경윤리는 환경 파괴의 심각성이 세계적으로 인식되기 시작한 1960-70년대에 등장했다. 제2차 세계대전 이후 급속한 산업화와 도시화는 자연의 회복력을 뛰어넘는 수준의 자원 착취와 오염을 초래했고, 이러한 변화는 인간 사회뿐 아니라 지구 생태계 전체에 위협이 된다는 인식이 확산되었다. 이 시기에 환경운동과 환경윤리가 등장하게 된 계기는 과학기술에 대한 맹목적 신뢰에 비판과 생명을 보는 새로운 시각의 필요성이 절실해졌기 때문이다.

레이첼 카슨(Rachel Carson, 1907-1964)의 『침묵의 봄』(1962)은 그 출발점으로 평가받는다. 그녀는 미국 농업 현장에서 사용된 DDT와 같은 화학 살충제가 조류와 곤충을 포함한 야생 생태계에 광범위하게 피해를 준다는 사실을 폭로하였다.[208] 그녀의 글은 생태계가 하나의 유기체처럼 상호의존하고 있음을 강조하며, 과학적 진보가 항상 인간과 자연에 유익한 결과를 초래하는 것은 아님을 명확히 하였다. 『침묵의 봄』은 전 세계적으로 환경의식에 불을 지폈고, 환경보호 관련 정책과 윤리 담론의 전환을 촉진했다.

한편 알도 레오폴드(Aldo Leopold, 1887-1948)는 『대지의 윤리』(*A Sand County Almanac,* 1949)에서 인간이 자연의 주인이 아니라 성원이며, 모든 존재가 상호 연결되어 있음을 인식해야 한다고 주장했다.[209] 그는 토양, 물, 동물, 식물 등 생태계의 구성 요소들이 도덕적 고려 대상이 되어야 한다는 사상을 펼쳤고, 이는 환경윤리의 철학적 기초를 형성하는 데 큰 영향을 미쳤다. 레오폴드의 사상은 인간과 자연 사이의 관계를 도덕적 계약으로 보려는 시도이며, 인간의 역할을 '지배자'에서 '청지기'로 전환시키는 데 기여하였다.

1970년대 이후 환경윤리는 보다 다양한 철학적 분과로 발전하게 된다. 특히 아르네 네스(Arne Naess, 1912-2009)가 주창한 심층생태학(deep ecology)은 인간을 생태계 내에서 하나의 존재로 보고, 생명의 평등성과 생태적 자아 확장을 주장함으로 인간 중심주의를 강력히 비판하였다.[210] 이외에도 사회생태주의(social ecology, 머레이 북친), 생태페미니즘(ecofeminism, 밸 플럼우드 등), 동물해방운동(animal liberation, 피터 싱어)의 영향은 환경윤리의 스펙트럼을 넓히는 데 기여하였다.

도표 2-2: 환경윤리 사상의 발전 흐름

시 기	주요 인물	핵심 저작	주요 개념
1960년대	레이첼 카슨	『침묵의 봄』(1962)	생태계 상호작용, 기술 비판
1940~70년대	알도 레오폴드	『대지의 윤리』(1949)	생태 공동체, 생명 내재적 가치
1970~80년대	아르네 네스 외	『심층생태학』(1973) 등	생태적 자아, 생명의 평등성
1980년대이후	머레이 북친 플럼우드 외,	『생태와 자유』, 『페미니즘과 생태』	사회 구조와 생태, 젠더와 생태

이처럼 환경윤리는 환경위기라는 현실적 문제에 대한 도덕적 응답으로 시작되었으며, 오늘날에는 윤리학, 정치철학, 생태학, 종교신학 등과 결합되어 다차원적 학문으로 자리매김하고 있다.

3. 현대 사회의 주요 환경문제

1) 기후변화와 지구온난화

기후변화는 오늘날 가장 심각하고 전 지구적인 환경문제 중 하나로써 기후 변동이 아닌 지구 시스템의 근본적 불균형을 의미한다. 산업혁명 이후 약 150년 동안 석탄, 석유, 천연가스 등 화석연료를 대량으로 소비하며 막대한 양의 이산화탄소(CO_2), 메탄(CH_4), 아산화질소(N_2O) 등 온실가스를 대기 중에 방출했다. 이러한 온실가스는 지구의 복사열을 대기 중에 가두는 효과를 일으켜, 평균 기온 상승이라는 지구온난화(global warming)를 초래하고 있다.

IPCC(기후변화에 관한 정부간 협의체)의 2023년 6차 평가보고서에 따르면, 산업화 이전(1850-1900년) 대비 지구 평균기온은 이미 약 1.1℃ 상승했으며, 이대로 온실가스 배출이 지속될 경우 금세기 중반에 1.5℃를 넘을 가능성이 크다고 경고한다.[211] 지구온난화는 기온 상승에 국한되지 않고, 해수면 상승, 산호초 백화현상, 북극 해빙의 감소, 폭염 및 폭우, 열대성 폭풍 강화, 산불 빈도 증가 등의 복합적이고 치명적인 환경 현상을 일으킨다.

이로 인한 피해는 지리적, 경제적, 사회적 맥락에 따라 불균등하게 발생하며, 그 결과 '기후 정의'(climate justice)라는 윤리적 담론이 제기되고 있다. 선진국들은 지난 수세기 동안 산업화를 위해 대부분의 온실가스를 배출해온 반면, 개발도상국들은 기후변화 영향에 더 취약한 위치에 놓여 있음에도, 그 피해를 함께 감당해야 하는 불평등한 현실에 놓여 있다. 이는 기후변화를 과학적 문제로만 보지 않고, 정의, 형평, 책임의 문제로 접근해야 하는 이유이다.[212]

도표 3-1: 1880~2020년 세계 평균기온 상승 추이— NASA GISTEMP 자료

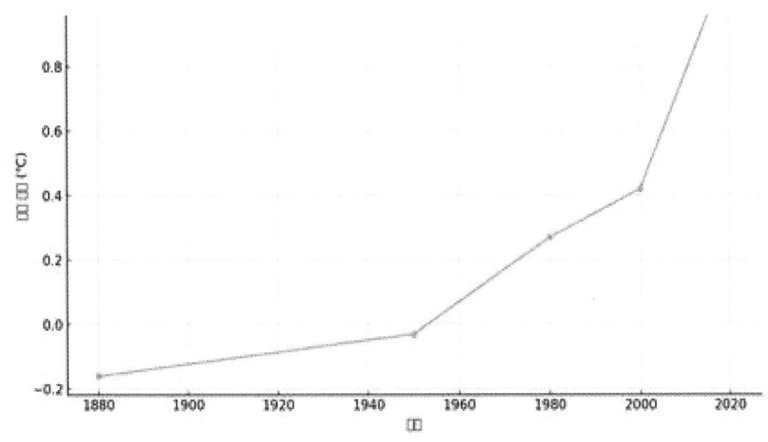

이러한 통계는 지구 평균기온 상승이 단기적 현상이 아닌 장기적 추세이며, 인간 활동의 결과임을 보여준다. 따라서 기후변화 문제는 환경정책이 아니라, 인류의 생존과 미래 세대에 대한 윤리적 책임이 걸린 과제로 인식되어야 한다.

2) 생물다양성 감소

생물다양성(biodiversity)은 생물종(species), 유전자(gene), 생태계(ecosystem)의 다양성을 포함하는 개념으로, 생명체의 풍요로움뿐 아니라 생태계의 안정성과 회복력의 핵심 요소이다. 생물다양성은 농업, 의학, 식량자원, 생태계 서비스(예: 수질 정화, 탄소 흡수, 수분 매개 등)를 통해 인간 사회에 직접 혜택을 제공한다. 그러나 현대 산업사회는 자연환경에 대한 과도한 개발과 착취를 지속하면서 생물다양성에 심각한 위기를 초래하고 있다. 도시화, 농지 확대, 무분별한 벌목, 산업 인프라 건설, 해양 오염, 남획 같은 인간 활동은 서식지 파괴를 가속화하며, 이로 인해 수많은 종들이 멸종 위기에 내몰리고 있다. 또한 외래종 침입, 기후변화, 병원체 확산 등은 고유 생태계 균형을 파괴하여 생물다양성 감소를 심화시키고 있다. 세계자연보전연맹(IUCN)의 『적색목록(Red List)』에 따르면 2023년 기준으로 약 42,100여 종이 멸종 위기 단계에 있는데, 이는 전체 등록 생물종의 약 28%에 해당한다.[213] 특히 양서류의 40%, 산호의 33%, 포유류의 26%가 멸종 위기에있는 것으로 보고되었다.

생물다양성의 감소는 몇몇 종의 소실을 넘어 생태계 전체의 회복력(resilience) 저하와 기능 상실을 초래한다. 이는 곧 인간의 식량 생산, 기후 조절, 물 순환, 전염병 억제 등 여러 생태계 서비스 붕괴로 이어지며,

인간 사회의 지속 가능성에도 심각한 위협이 된다. 생태학자 에드워드 윌슨(Edward O. Wilson, 1929-2021)은 생물다양성을 '지구 생명의 안전망'이라 부르며, 인간이 살아가는 데 필요한 최소한의 자연 자본이라고 강조하였다.[214]

도표 3-2: 멸종 위기 생물종 증가 추이 - IUCN Red List 기준

연 도	위기 종 수 (전체 등록종 대비 비율)
2000	약 11,000종 (11%)
2010	약 18,000종 (20%)
2020	약 29,000종 (26%)
2023	약 42,100종 (28%)

이러한 현실은 자연이 인간의 자원이라는 도구적 가치가 아닌, 그 자체로 보전받아야 할 내재적 가치를 지니고 있음을 일깨워준다. 따라서 생물다양성 보전은 과학적, 기술적 문제가 아니라 생명에 대한 윤리적 책임이며, 인간 중심적 사고에서 벗어나 모든 생명과 공존하려는 가치 전환이 요구된다.

3) 자원고갈과 쓰레기 문제

지구는 한정된 자원을 가진 유한한 행성임에도, 인간 사회는 무한한 경제 성장을 목표로 지속적으로 자원을 소비하고 있다. 산업화 이후 석유, 석탄, 천연가스와 같은 화석연료뿐 아니라 철, 구리, 희토류, 리튬 등의 금속 자원을 대량 채굴하여 사용했다. 과잉 소비는 자원의 고갈을 가속화시키며, 생태계 파괴와 지역 공동체 분쟁까지 일으키고 있다. 국

제자원 패널(International Resource Panel) 보고에 의하면, 1970-2020년 세계 자원 소비량은 약 3배 증가했고, 현재 속도대로 소비가 지속될 경우 2050년에는 지구가 감당할 수 있는 한계를 초과할 것이라고 예측한다.[215]

한편, 자원 소비의 또 다른 그림자는 폐기물 급증이다. 일회용 플라스틱, 포장재, 전자기기, 의류 폐기물 등은 처리되지 못한 채 매립되거나 해양으로 유입되어 환경오염을 심화시키고 있다. 유엔환경계획(UNEP)의 2022년 보고서에 의하면, 매년 약 3억 8천만 톤 이상의 플라스틱이 생산되며 그중 1100만 톤 가량이 해양으로 유출된다.[216] 전자폐기물(e-waste)은 2021년 기준 5,740만 톤에 달하며, 이 중 17.4%만이 재활용되었고, 남은 것은 불법 매립, 소각 등으로 처리되어 유해 화학물질과 중금속이 토양과 수질을 오염시키고 있다.

이러한 현상은 환경적 위기가 아니라 윤리적 위기로 해석되어야 한다. 자원의 과잉 사용과 폐기물 방치는 인간 중심적 탐욕의 산물이며, 미래 세대와 비인간 생명체에 대한 도덕적 책임을 외면한 결과이다. 이에 따라 절제의 미덕, 책임 소비, 생태적 정의 관점에서 새로운 소비 윤리의 정립이 시급하다. 케이트 라워스(Kate Raworth, 1970-현재)는 『도넛 경제학』에서 자원 이용의 생태적 상한선과 인간 삶의 사회적 기초 사이의 균형이 필요한 '도넛형 모델'을 제안하며, 지속 가능한 소비와 생산 체제로의 전환을 강조한다.[217]

도표 3-3: 세계 자원 소비량 및 폐기물 발생량 추이 — UNEP, IRP 기준

항 목	1970년	2000년	2020년	2050년(예측)
자원 소비량 (억 톤)	280	540	920	약 1,500
플라스틱 생산량 (백만 톤)	30	210	380	약 600
전자폐기물 (백만 톤)	6	30	57.4	약 110

따라서 우리는 무제한적 소비와 폐기에 기반한 경제시스템을 전환하고, 윤리적 성찰과 정책적 개입을 통해 자원의 순환과 절제, 책임 있는 사용을 실현해 나가야 한다.

4. 인간 중심주의 vs 생명 중심주의

1) 인간 중심 환경관의 한계

서구 사상 전통에서 우리는 오랜 시간 자연에 대해 우월한 위치에 있는 존재로 생각했다. 이러한 인식은 고대 그리스 철학에서 비롯되어 근대 합리주의를 거치며 더욱 강화되었는데, 특히 데카르트(René Descartes, 1596-1650)의 이원론은 인간을 이성과 정신의 주체로, 자연을 기계적이고 수동적인 대상으로 규정함으로써 인간의 자연 지배를 정당화하였다. 그는 『방법서설』과 『성찰들』에서 인간과 자연을 구분하며 자연은 수학적으로 분석하고 지배해야 할 대상으로 여겼다.[218] 이러한 관점은 근대과학과 기술 발전의 철학적 기반이 되었고, 자연에 대한 정복과 자원화 논리를 뒷받침했다.

이러한 인간 중심주의(anthropocentrism)는 종종 기독교 세계관과 결합되며 더욱 확고해졌다. 창세기 1장 28절의 "생육하고 번성하여 땅에

충만하라, 땅을 정복하라"는 명령은 오랫동안 자연 정복의 신학적 근거로 해석되었으며, 인간이 자연 위에 군림할 수 있다는 사고를 강화했다. 린 화이트(Lynn White Jr., 1907-1987)는 그의 논문 「생태위기의 역사적 뿌리」에서 기독교가 인간 중심적 세계관을 제도화함으로써 현대 생태위기의 사상적 기원을 제공했다고 비판하였다.[219]

이러한 인간 중심적 환경관은 몇 가지 심각한 한계를 드러낸다. 첫째, 자연의 내재적 가치(intrinsic value)를 무시하고 자연을 인간의 이익을 위한 도구로 보는 도구주의적 시각을 강화시킨다. 둘째, 비인간 생명체의 권리나 생태계의 고유한 질서를 고려하지 않음으로 생물다양성 파괴와 생태계 붕괴를 정당화한다. 셋째, 이러한 세계관은 인간의 책임 윤리를 축소시키고, 자연 훼손에 대한 도덕적 반성을 회피하는 경향을 낳는다. 결과적으로 인간 중심주의는 오늘날 기후변화, 자원고갈, 생물다양성 감소 등 복합적 환경 위기의 철학적, 윤리적 기반이 되고 있는 것이다.

도표 4-1: 인간 중심주의 vs 생명 중심주의 비교

구 분	인간 중심주의	생명 중심주의
자연의 위치	인간의 도구, 수단	고유한 가치 지닌 존재
인간-자연 관계	지배와 정복의 대상	상호의존적 공존 대상
윤리적 고려 범위	인간에게 한정됨	모든 생명체와 생태계 포함
주요 철학자/사상	데카르트, 프랜시스 베이컨 등	아르네 네스, 올도 레오폴드, 롤스턴 등

따라서 환경 위기를 극복하기 위해서는 인간 중심적 사고의 전환이 필요하며, 자연과의 관계를 지배가 아닌 돌봄과 책임의 윤리로 재정립하는 노력이 절실하다.

2) 생태 중심적 사고의 필요성

이에 반해 생명 중심주의 또는 생태 중심주의는 모든 생명체가 고유한 가치를 지니며, 인간은 그 일부로서 자연과 더불어 살아가는 존재임을 강조한다. 생명 중심주의(biocentrism)는 생명체 각각에 내재적 가치가 있으며, 인간의 윤리적 고려 대상은 인간을 넘어 모든 생명체와 생태계로 확대되어야 한다고 본다. 이러한 시각은 인간 중심주의적 세계관이 가져온 환경파괴 한계를 극복하고, 공존과 연대의 생태적 세계관으로의 전환을 촉진한다.

아르네 네스(Arne Naess, 1912-2009)는 심층생태학(deep ecology)을 통해 이러한 전환의 이론적 기초를 제공하였다. 그는 『생태적 자아의 실현』에서 인간의 자아를 좁은 개인적 자아에서 벗어나, 자연 전체와 연결된 생태적 자아로 확장해야 한다고 주장했다. 그는 "모든 존재는 관계 속에서 의미를 가진다"고 보며, 타자의 고통을 자신의 고통처럼 느끼는 연민(compassion)과 공동체적 연대(solidarity)의 윤리를 강조하였다.[220] 나아가 환경 보호는 이타적 의무가 아니라 '자기실현(self-realization)' 과정이라고 주장하며, 인간이 진정한 자아에 도달하기 위해서는 자연과의 일체감을 회복해야 한다고 보았다.

심층생태학은 여덟 가지 원칙을 제시하는데, 그중 핵심은 모든 생명체는 평등한 생존 권리를 가지며, 인간은 자연을 지배하는 존재가 아니라 그 일부라는 인식이다. 이는 얕은 생태학(shallow ecology)이 환경오염과 자원고갈 문제를 기술적·정책적으로 해결하려는 데 비해, 보다 근본적인 존재론적·윤리적 전환을 요청하는 이론이다.

도표 4-2: 얕은 생태학과 심층생태학 비교

항목	얕은 생태학	심층생태학
관점	인간 중심적	생명 중심적
관심의 초점	환경 오염 해결, 자원 절약	생명의 평등, 생태적 자아 확장
해결 접근	기술, 정책, 소비 절제	존재론적 전환, 윤리적 성찰
대표 사상가	환경정책가, 기술자	아르네 네스, 빌 데발, 조안나 메이시 등

이러한 생태 중심적 사고는 단순 이론에 그치지 않고, 생태영성, 생태신학, 생태철학 등 다양한 분야와 결합하여 실천적 생태전환 운동으로 확산되고 있다. 오늘날 생태위기를 극복하기 위한 윤리적 대안으로서 점차 주목받고 있으며, 인간과 자연의 관계를 다시 정의하려는 철학적 시도이자 실천적 요청이다.

5. 기독교의 생태윤리

1) 창조세계에 대한 청지기 사명

기독교는 인간을 하나님의 형상(Imago Dei)으로 창조된 고귀한 존재로 보지만, 동시에 하나님께서 창조하신 자연 세계를 책임 있게 돌보아야 할 청지기로 부르셨다는 사실을 강조한다. 창세기 2장 15절은 "여호와 하나님이 사람을 이끌어 에덴동산에 두어 이것을 경작하며 지키게 하시니라"고 말하는데, 여기서 '경작하다'(abad)와 '지키다'(shamar)는 단순 관리나 노동을 넘어서 자연과의 관계 속에서 보호하고 돌보는 윤리적 책임을 내포한다. 이는 인간이 자연을 지배하고 착취하는 존재가 아니라, 하나님의 창조질서를 보존하고 유지해야 할 존재임을 분명히 한다.

청지기 정신(stewardship)은 기독교 생태윤리의 핵심 개념으로, 인간의 권한이 무한하지 않으며, 하나님으로부터 위임받은 제한된 책임을 수행해야 한다는 인식을 기반으로 한다. 이는 인간의 욕망과 탐욕을 절제하고, 창조세계와 더불어 살아가는 공동체적 삶을 지향하는 생태적 윤리로 확장된다. 마이클 노스컷(Michael Northcott, 1955-현재)은 『기독교와 생태윤리』에서 인간의 청지기 사명이 관리적 책임을 넘어, 창조세계 전체에 대한 사랑과 보호를 수반해야 한다고 강조하며, 이는 기독교적 정의와 평화의 실천으로 이어져야 함을 역설한다.[221]

이러한 청지기 사상은 현대 생태신학과 긴밀히 연결된다. 창조세계는 하나님께서 "보시기에 심히 좋았다"(창 1:31)고 하신 대상이며, 모든 피조물은 그 자체로 하나님의 영광을 드러내는 존재다. 따라서 자연을 보전하는 일은 환경보호 차원 아니라, 예배의 연장선이자 신앙의 실천으로 평가될 수 있다. 오늘날 기독교 공동체가 직면한 환경위기는 단지 외적 위협이 아니라 신학적 책임을 요구하는 내적 과제이며, 청지기 정신의 회복은 곧 기독교 정체성의 회복이기도 하다. 이처럼 기독교적 청지기 윤리는 자연에 대한 책임, 절제, 그리고 공동체적 연대를 통해 창조질서의 회복을 추구하며, 환경윤리 담론에 독자적인 기여하는 토대를 제공한다.

2) 성경이 말하는 자연과 인간의 관계

성경은 자연을 인간의 이익을 위한 도구적 존재로 규정하지 않는다. 오히려 자연은 하나님의 창조질서 안에서 고유한 가치를 지닌 존재이며, 하나님의 영광을 드러내는 피조물로 묘사된다. 시편 104편은 하늘과 땅,

바람과 불, 동물과 식물이 모두 하나님을 찬양하며 그분의 지혜와 권능을 증언한다고 노래한다. 이는 자연이 인간에게 유익한 자원이 아니라, 하나님과 영적 교감의 일부로 기능한다는 점을 분명히 한다.

욥기 38-39장은 하나님께서 욥에게 자연의 신비와 질서를 질문 형식으로 상기시키는 대목으로, 인간이 결코 자연의 모든 이치를 이해하거나 통제할 수 없음을 보여준다. 하나님은 사자, 산염소, 타조, 독수리 같은 다양한 동물들의 생태와 삶을 설명하면서, 이것들이 모두 하나님의 섭리 안에서 살아가고 있음을 강조하신다. 이는 인간이 자연의 주인이 아님을 선언하며, 자연에 대한 경외심과 겸손한 태도를 촉구하는 말씀이다.[222]

또한 창세기 9장 8-17절에 나오는 노아 언약은 인간만이 아니라 모든 생명체와 맺어진 언약임을 분명히 한다. 이는 성경이 자연을 인간과 함께 하나님의 언약 공동체 속에 포함시킨다는 점에서 중요한 생태신학적 함의를 지닌다. 하나님은 무지개를 언약의 표징으로 주시며, 다시는 모든 생물을 홍수로 멸하지 않겠다는 약속을 하신다. 이러한 포괄적 언약은 자연과 인간이 분리된 존재가 아니라, 하나님의 사랑과 구원의 계획 속에서 함께 참여하는 존재임을 보여준다.[223] 이와 같이 성경은 자연을 인간의 지배 대상이 아니라, 하나님이 창조하시고 돌보시는 존재로 이해한다. 이러한 관점은 현대 기독교 생태윤리에 깊은 통찰을 제공하며, 자연을 향한 감사, 존중, 보호의 윤리를 촉진한다.

3) 교회의 환경운동 사례와 과제

최근 기독교 공동체는 환경문제 해결을 위한 다양한 실천을 구체화하고 있으며, 생태위기 대응에 신앙적 응답을 찾는 움직임이 확산되고 있다. 예를 들어, 일부 교회는 '탄소중립 예배'(Carbon-Neutral Worship)를 선언하고, 예배 시간의 에너지 절약, 종이 없는 예배, 자가 태양광 전력 사용, 전기차 충전소 설치 등의 구체적 실천을 병행하고 있다. 서울의 한 교회는 교회 옥상에 생태 텃밭을 조성해 도시농업과 교육을 병행하며, 교회학교 학생들에게 지속가능성과 식물 생태에 관한 실습 교육을 진행한다. 또한 지방의 몇몇 농촌교회는 태양광 발전 설비를 활용해 전력 자립과 지역사회에 전기 나눔 사업까지 실현하고 있다.

그러나 여전히 다수의 교회는 환경문제를 '비신학적 주제'로 외면하거나, 교회 운영의 실천적 우선순위에서 배제하는 실정이다. 어떤 경우에는 환경운동이 정치적 논쟁과 결부된다는 이유로 회피하거나, 신앙의 본질과는 무관하다고 여겨지기도 한다. 이러한 태도는 생태위기를 신앙 차원에서 해석하지 못한 결과이며, 교회 교육과 설교, 신학적 훈련 방향 전환이 요구된다. 따라서 교회는 환경문제를 회개와 전환의 신앙 주제로 인식하고, 생태윤리를 복음의 실천으로 받아들여야 한다. 이를 위해서는 (1) 생태적 회개의 신학적 교육 강화, (2) 지역사회와 연계한 생태 프로그램, (3) 교회 운영의 탄소 발자국 감축, (4) 생태적 예배와 설교 확산, (5) 교회 공동체의 참여적 의사결정 구조 마련이 필요하다.

6. 나가는 말

환경윤리는 인간과 자연의 새로운 관계를 설정하는 윤리적 시도이며, 오늘날 생태위기 시대를 살아가는 우리에게 가장 시급하고도 필수적인 윤리적 과제이다. 기후변화, 생물다양성의 급감, 자원고갈과 쓰레기 문제는 더 이상 과학기술만으로 해결될 수 없는 존재론적·윤리적 도전을 던지고 있으며, 이에 대한 응답은 삶의 근본 틀을 재구성하는 총체적 전환을 요구한다. 이러한 전환은 개인의 윤리적 각성에 머물러서는 안 되며, 공동체적 차원에서 제도적, 문화적, 신앙적 실천으로 확산되어야 한다.

특히 기독교는 생명을 주시는 창조주 하나님에 대한 신앙을 바탕으로 생태윤리를 부차적 관심사가 아니라 신앙의 중심축으로 재정립할 필요가 있다. 하나님은 만물을 창조하셨고, 그 창조세계를 "심히 좋았다"(창 1:31)고 하셨으며, 그 속에 인간과 비인간 피조물이 함께 거하며 상호 의존하는 생명 공동체를 이루도록 설계하셨다. 따라서 생태적 위기는 창조의 질서가 훼손된 위기이며, 이에 대한 회복은 신앙의 본질에 대한 회복으로 연결된다. 리처드 보컴(Richard Bauckham, 1946-현재)은 창조세계에 대한 성경적 이해를 통해, 인간이 자연의 지배자가 아니라 하나님의 청지기로 부름받았음을 강조하며 생태윤리의 신학적 근거를 제시한다.[224]

나아가 기독교 공동체는 생태위기를 환경보호 문제가 아니라 이웃 사랑과 정의 실현의 차원에서 접근해야 하며, 예배, 교육, 선교, 공동체 운영 전반에 걸친 실천을 필요로 한다. 기후 불평등으로 고통받는 지구촌 이웃들, 멸종 위기에 놓인 생명체들, 생태계 붕괴로 고통받는 미래 세대를 위한 윤리적 책임은 오늘날 교회가 복음을 실천하는 새로운 지평이다. 따라서 환경윤리는 더 이상 선택 가능한 하나의 옵션이 아니라, 창조세계와 함께 살아가기 위한 필수적이며 본질적인 신앙의 표현이 되어야 한다.

참고문헌

Bauckham, Richard. *Bible and Ecology: Rediscovering the Community of Creation*. Baylor University Press, 2010.
Bauckham, Richard. 『창조세계와 성경』. 홍병룡 역. 서울: 새물결플러스, 2013.
Brennan, Andrew and Yeuk-Sze Lo. "Environmental Ethics." in Edward N. Zalta (ed.), *The Stanford Encyclopedia of Philosophy*. Fall 2022 Edition. https://plato.stanford.edu/ archives/fall2022/entries/ ethics-environmental.
Carson, Rachel. 『침묵의 봄』. 김은령 역. 서울: 에코리브르, 2002.
Davis, Ellen. *Scripture, Culture, and Agriculture: An Agrarian Reading of the Bible*. Cambridge University Press, 2009.
Descartes, René. 『방법서설』. 김형섭 역. 서울: 아카넷, 2006.
International Resource Panel. *Global Resources Outlook 2019*. United Nations Environment Programme.
IPCC. *Sixth Assessment Report-Synthesis Report* (2023).
IUCN. *The IUCN Red List of Threatened Species*. 2023년 종합 보고서. www.iucnredlist.org.
Klein, Naomi. 『이것이 모든 것을 바꾼다: 자본주의 vs. 기후』. 김영선 역. 서울: 열린책들, 2016.
Leopold, Aldo. 『대지의 윤리』. 서정록 역. 서울: 에코리브르, 2015.
Naess, Arne. 『심층생태학』. 박경달 역. 서울: 솔, 2001.
Naess, Arne. 『생태적 자아의 실현』. 박경달 역. 서울: 궁리, 2007.
Northcott, Michael. 『기독교와 생태윤리』. 박용민 역. 서울: IVP, 2009.
Raworth, Kate. 『도넛 경제학』. 최윤희 역. 서울: 생각의힘, 2018.
Rolston Ⅲ, Holmes. *Environmental Ethics: Duties to and Values in the Natural World*. Temple University Press, 1988.
UNEP. *From Pollution to Solution: A Global Assessment of Marine Litter and Plastic Pollution* (2022).

White Jr. Lynn. "The Historical Roots of Our Ecologic Crisis." Science, Vol.155 (1967).

Wilson, Edward O. 『생명의 다양성』. 김찬현 역. 서울: 사이언스북스, 2006.

미주

1. 루돌프 오토, 『성스러움의 의미』 (서울: 이학사, 2013), 25.
2. 에밀 뒤르켐, 『종교생활의 원초형태』 (서울: 문예출판사, 2001), 47-65.
3. 앨리스터 맥그래스, 『기독교, 그 위험한 사상의 역사』 (서울: CUP, 2010), 15-34.
4. 빅터 프랭클, 『죽음의 수용소에서』 (서울: 청아출판사, 2007), 154.
5. 폴 틸리히, 『종교의 본질』 (서울: 이문출판사, 2005), 33.
6. 스탠리 그렌츠, 『기독교 윤리학』 (서울: IVP, 2010), 95-102.
7. 마틴 부버, 『나와 너』 (서울: 문예출판사, 1993), 78-84.
8. 앨리스터 맥그래스, 『기독교의 역사』 (서울: IVP, 2021), 48-52.
9. 이형기, 『기독교의 기원과 전개』 (서울: 대한기독교서회, 2010), 78-84.
10. Ibid., 71-93.
11. 밀라드 에릭슨, 『기독교 신학』 (서울: CLC, 2006), 289-301.
12. Ibid., 199-213.
13. 그레엄 골즈워디, 『하나님의 계시와 성경적 신학』 (경기: 부흥과개혁사, 2011), 63-77.
14. 김지찬, 『구속사적 성경신학』 (서울: 총신대학교출판부, 2016), 25-38.
15. 존 M. 프레임, 『조직신학』 (경기: 부흥과개혁사, 2020), 456-458.
16. 폴 트릴링, 『죄와 인간의 조건』 (서울: 대한기독교서회, 2005), 27-41.
17. 존 스토트, 『그리스도의 십자가』 (서울: IVP, 2011), 63-81.
18. 에드윈 야마우치, 『예수와 역사』 (서울: 기독교문서선교회, 2002), 78-84.
19. 존 스토트, 92-115.
20. 리처드 니버, 『하나님의 정의와 사랑』 (서울: 대한기독교서회, 1999), 107-118.
21. 톰 라이트, 『예수와 하나님의 미래』 (서울: 새물결플러스, 2015), 273-296.
22. 조지 래드, 『하나님 나라의 복음』 (서울: IVP, 2012), 45-60.
23. 톰 라이트, 『하나님 나라에 대하여』 (서울: IVP, 2018), 93-104.
24. 존 하워드 요더, 『그리스도의 정치적 의미』 (서울: IVP, 2014), 87-91.
25. 크레이그 바솔로뮤, 『하나님 백성의 공적 신학』 (서울: 새물결플러스, 2017), 122-129.

26. 월터 브루그만,『예언자적 상상력』(서울: 한국장로교출판사, 2013), 109-115.
27. 월터 브루그만,『예언자적 설교』(서울: 한국장로교출판사, 2015), 147-153.
28. 휴스턴 스미스,『종교의 세계』(서울: 민음사, 2005), 15.
29 브루스 메츠거,『성경의 정경』(서울: 한국신학연구소, 1992), 23-25.
30 톰 라이트,『모든 사람을 위한 신약성경 이야기』(서울: IVP, 2011), 17-18.
31. 고든 D. 피 & 더글러스 스튜어트,『하나님의 말씀을 어떻게 읽을 것인가』(서울: IVP, 2004), 27.
32. 알리스터 맥그래스,『하나님을 아는 지식』(서울: CUP, 2007), 75-77.
33. 니콜라스 월터스토프,『정의와 사랑』(서울: IVP, 2010), 41-42.
34. 라비 재커라이어스 외,『하나님, 정의, 인권』(서울: 아바서원, 2017), 85-86
35. 찰스 테일러,『자아의 원천』(서울: 새물결플러스, 2021), 102-106.
36. 홍정수,『음악과 기독교』(서울: 예솔, 2013), 145-148.
37. 이한영,『구약신학의 이해』(서울: 장로교출판사, 2017), 45-52.
38. 크리스토퍼 라이트,『하나님 백성의 윤리』(서울: IVP, 2013), 77-80.
39. Bruce Waltke, *An Old Testament Theology* (Zondervan, 2007), 537-540
40. James L. Crenshaw, *Old Testament Wisdom* (Westminster John Knox Press, 2010), 12-17.
41. Walter Brueggemann, *The Prophetic Imagination* (Fortress Press, 2001), 98-105.
42. 브루스 메치거,『신약성서 개론』(서울: 대한기독교서회, 2002), 25-29.
43. 톰 라이트,『모든 사람을 위한 마태복음』(서울: IVP, 2011), 11-17.
44. Craig Keener, *The IVP Bible Background Commentary: New Testament* (IVP Academic, 2014), 331-342.
45. 고든 D. 피,『성경, 어떻게 읽을 것인가』(서울: 성서유니온, 2012), 118-125.
46. 리처드 보컴,『요한계시록 신학』(서울: 한들출판사, 2017), 43-49.
47. 톰 라이트,『모든 사람을 위한 신약성경 이야기』, 20-22.
48. 크레이그 블롬버그,『예수의 사회적 메시지』(서울: 성서유니온, 2015), 113-115.
49. 월터 브루그만,『정의로서의 하나님 나라』(서울: 새물결플러스, 2014), 89-92.
50. 니콜라스 월터스토프, 75-78.
51. 스캇 맥나이트,『예수의 공동체 윤리』(서울: 새물결플러스, 2016), 134-138.

52. 레온 카스, 『창세기 강해』 (서울: 비아토르, 2018), 102-108.
53. 크리스토퍼 라이트, 76-79.
54. N. T. Wright, 『예수와 하나님의 승리』 (서울: 비아토르, 2020), 270-275.
55. 레온 카스, 102-108.
56. 크리스토퍼 라이트, 82-88.
57. 월터 브루그만, 『예언자적 상상력』 (서울: IVP, 2008), 139-142.
58. N. T. Wright, 271-278.
59. Nicholas Wolterstorff, *Justice: Rights and Wrongs* (Princeton University Press, 2008), 44-46.
60. Thomas Aquinas, *Summa Theologiae,* II-I, Q.94, Art.2.
61. John Locke, *Two Treatises of Government* (Cambridge University Press, 1988), 270-274.
62. Mark A. Noll, *America's God: From Jonathan Edwards to Abraham Lincoln* (Oxford University Press, 2002), 210-213.
63. Eric Metaxas, *If You Can Keep It: The Forgotten Promise of American Liberty* (Penguin, 2016), 85-88.
64. Nicholas Wolterstorff, 52-56.
65. 김회권, 『하나님 나라 신학으로 읽는 성경』 (서울: 새물결플러스, 2016), 244-246.
66. 도덕과 윤리는 동일하게 성격이나 관습의 뜻을 가진 헬라어의 에토스(ἔθος) 또는 헤토스(ἦθος)에서 유래된 말이다. 이런 면에서 어원의 동일성을 들어 혹자들은 도덕과 윤리는 같은 개념이라고 말한다. 하지만 윌리암 틸만은 분명하게 구분한다. 틸만은 도덕은 사람들이 무엇을 행하는가(What people do)의 문제를 말하고, 윤리는 사람들이 무엇을 행해야 하는가(What people ought to do)의 문제라고 말한다. William M. Tillman, Jr., *Christian Ethics: a Primer,* 강인한 역(서울: 쿰란출판사, 2000), 13-14.
67. 김희수, 『기독교윤리학의 이론과 방법론』 (서울: 東文選, 2004), 20.
68. 기독교에서는 인간이성은 죄로 말미암아 철저하게 파괴가 되었다고 선언한다.
69. 장광호, 칼빈의 신학과 기독교윤리 (경기: 도서출판 잠언, 2009), 12.
70. (롬 3:10) "기록된 바 의인은 없나니 하나도 없으며."

71. John Calvin, *Institutio Christianae Religionis* 1536 헌사.
72. 일반 윤리는 사람의 전통이나 관습, 개인이나 사회의 유익과 나아가 심지어 사회의 여론이 윤리의 기준이나 권위가 되기도 한다. 앞에서 밝힌 대로 일반 윤리는 시대에 따라 환경에 따라 얼마든지 변할 수 있다.
73. James B. Green, *A Harmony of the Westminster Presbyterian Standards*, 김남식 역(서울: 성광문화사, 1992), 16-21.
74. V. R. Potter는 전 미국 위스컨신 대학의 종양학자였다.
75. Peter Singer and Helga Kuhse, *A Companion to Bioethics* (경기: 인간사랑, 2007), 18. 그는 "생물학의 지식과 인간의 가치체계에 대한 지식을 서로 연합시키는 새로운 학문의 분야"로 보았다.
76. 정자 매매, 체외수정, 대리모, 인간복제, 장기이식, 유전자치료, 죽음의 기준에 관한 논쟁(심폐사와 뇌사) 등 최근 사회에서 생명윤리에 관한 답을 요구하는 문제들은 너무도 많이 일어나고 있다.
77. 김상득, 생명의료 윤리학』(서울: 철학과 현실사, 2000), 32-34.
78. 딩크족은 'double income, no kids'의 약칭으로서 1986년 미국에서 만들어진 말이다. 이와 비슷한 개념으로 자녀를 갖는 문제에 구애 받지 않는 스타일을 DCF(Dual Career Family)라고 부른다.
79. 정종훈, 기독교사회윤리와 인권』 (서울: 대한기독교서회, 2003), 18.
80. *The Book of Confessions, Presbyterian Church* (U.S.A.) 1991.
81. 종교개혁자 루터는 두 질서론을 말했다. 루터의 사상은 기본적으로 이원론에 바탕을 두고 있다. 하나님은 인간의 두 본성에 상응하는 두 영역 혹은 두 질서를 세상에 세워 놓으셨는데, '교회'와 '국가'라는 것이다. 따라서 하나님이 두 가지 통치 형태, 즉 말씀에 의한 '영적 통치'와 검에 의한 '국가 통치'를 제정하셨다는 것이다. 칼빈도 국가를 하나님에 의해 창설된 신적 기관으로 보았다. 그는 국가를 통치하는 위정자를 하나님이 세우신 사람들로 이해했다. 하지만 루터와 칼빈은 국가와 더불어 교회도 하나님이 동일하게 주신 질서와 통치 기관이기에, 어느 것이 어느 것을 통제하거나 구속하는 일이 있어서는 안 된다고 말했다. 특히 칼빈은 '영혼'과 '육체' 관계와 같이 교회와 국가는 혼합되지도, 분리되지도 않는 기관이며, 서로에게 필요한 존재로서 서로를 보완해주는 기능들을 충실히 해나가야 한다고 말한다.

82. 이인경, 에큐메니칼 페미니스트 윤리』 (서울: 한들출판사, 2005), 124.
83. 요슈타인 가아더(Jostein Gaarder)는 오늘날 윤리학의 과제는 헬레니즘 철학에서부터 온 것으로 "어디에 진정한 행복이 있는가?, 어떻게 해야 진정한 행복에 도달할 수 있는가?"하는 것이라고 말한다. Jostein Gaarder, *Sofies Verden: Roman Om Filosofiens Historiem*, 장은영 역 (서울: 현암사, 2006), 192.
84. 이인경, "현대사회의 윤리적 문제들에 대한 기독교윤리의 응답", 기독교와 대화하기』 (대구: 계명대학교 출판부, 2013), 205-206.
85. 이상원, 『기독교 생명윤리』 (서울: 솔로몬, 2016), 34-36.
86. Nigel M. de S. Cameron, *The New Medicine: Life and Death After Hippocrates* (Wheaton, IL: Crossway Books, 1992), 99-101.
87. Leon R. *Kass, Life, Liberty, and the Defense of Dignity: The Challenge for Bioethics* (San Francisco: Encounter Books, 2002), 34-36.
88. 한국보건사회연구원, 『연명의료결정제도 운영 현황 분석』 (서울: 한국보건사회연구원, 2022), 44.
89. Allen Verhey, *Reading the Bible in the Strange World of Medicine* (Grand Rapids: Eerdmans, 2003), 112-115.
90. 김영한, 『기독교 윤리학 개론』 (서울: 성광문화사, 2009), 122-124.
91. 한국보건사회연구원, 45-47.
92. 네덜란드 보건윤리연구소(NVVE), "Euthanasia in the Netherlands", 2021, 12-14.
93. Leon R. *Kass,* 151-153.
94. 이상원, 91-93.
95. Allen Verhey, 86-88.
96. Daniel J. *Estes, Hear, My Son: Teaching and Learning in Proverbs 1-9* (Grand Rapids: Eerdmans, 1997), 211-213.
97. Stanley Hauerwas, S*uffering Presence: Theological Reflections on Medicine, the Mentally Handicapped, and the Church* (Notre Dame: University of Notre Dame Press, 1986), 63-66.
98. John Stott, *The Cross of Christ* (Downers Grove: IVP, 1986), 69-73.
99. Alister E. McGrath, *Christian Theology: An Introduction* (Oxford: Wiley-

Blackwell, 2011), 632-634.
100. George P. Smith II, *Human Rights and Bioethics* (New York: Routledge, 2012), 143-145.
101. David C. Thomasma, *Euthanasia: Toward an Ethical Social Policy* (Dordrecht: Kluwer Academic, 2001), 87-90.
102. 국가별 보건복지부 및 WHO 생명윤리 보고서(2022), 참고.
103. Henk ten Have, *Death and Medical Power: An Ethical Analysis of Dutch Euthanasia Practice* (Open University Press, 2005), 44-46.
104. Etienne Montero, *The Legalization of Euthanasia in Belgium*. Cambridge Quarterly of Healthcare Ethics, 2014, 187-189.
105. Ludwig Minelli, *Dignitas and the Right to Die*. Zuerich: Dignitas, 2010, 22-24.
106. Sachiyo Tsukamoto, *End-of-Life Decision Making in Japan*. Bioethics Journal of Asia, 2015, 94-97.
107. 보건복지부, 『연명의료결정법 해설서』 (서울: 보건복지부, 2018), 17-20.
108. 이상원, 45-47.
109. Nigel M. de S. Cameron, 97-100.
110. Scott B. Rae, *Moral Choices: An Introduction to Ethics*. Grand Rapids: Zondervan, 2009, 143-146.
111. John Wyatt, Matters of Life and Death: Human Dilemmas in the Light of the Christian Faith (Nottingham: IVP, 2009), 115-118.
112. Augustine, Confessions, trans. Henry Chadwick (Oxford: Oxford University Press, 1991), Book I.1.
113. Peter Singer, *Rethinking Life and Death* (Oxford University Press, 1994), 85-86.
114. William E. May, *Catholic Bioethics and the Gift of Human Life* (Huntington: Our Sunday Visitor, 2008), 276-278.
115. Bruce Rumbold, *Spirituality and Palliative Care: Social and Pastoral Perspectives*. Oxford University Press, 2002, 15-19.
116. John Kilner, *Dignity and Dying: A Christian Appraisal*. Grand Rapids:

Eerdmans, 1996, 152-154.
117. Harold G. Koenig, *Spirituality in Patient Care: Why, How, When, and What.* Templeton Foundation Press, 2007, 190-193.
118. Eric Cassell, *The Nature of Suffering and the Goals of Medicine.* Oxford University Press, 2004, 123-126.
119. Neil M. Gorsuch, *The Future of Assisted Suicide and Euthanasia.* Princeton University Press, 2006, 16.
120. Augustine, *The Enchiridion on Faith, Hope and Love.* New City Press, 1996, 60-62.
121. Thomas Aquinas, *Summa Theologica* (Benziger Bros., 1947), Part I, Q. 118, Art. 2.
122. 보건복지부, 『모자보건법 해설』 (서울: 보건복지부, 2019), 72.
123. 한국보건사회연구원, 『인공임신중절 실태조사』. 서울: 한국보건사회연구원, 2005, 19.
124. 헌법재판소 2017헌바127 결정문, 2019.
125. UN, World Abortion Policies 2022; 김승현 외, 『인공임신중절 실태조사』. 서울: 한국보건사회연구원, 2021, 40.
126. Robert P. George, *Embryo: A Defense of Human Life* . Doubleday, 2008, 45-49.
127. Margaret Olivia Little, *Abortion, Intimacy, and the Duty to Gestate* (Ethical Theory and Moral Practice, 1999), 295-312.
128. Keith L. Moore, *The Developing Human: Clinically Oriented Embryology* (Elsevier, 2020), 13-15.
129. Neil M. Gorsuch, 23.
130. Peter Singer, *Practical Ethics* (Cambridge University Press, 2011), 136-140.
131. Judith Jarvis Thomson, *A Defense of Abortion* (Philosophy & Public Affairs, 1971), 47-66.
132. Lee Patrick, *Abortion and Unborn Human Life* (Catholic University of America Press, 1996), 89-91.
133. Keller Timothy, *Generous Justice* (Penguin, 2010), 119-121.

134. Scott Rae, *Moral Choices: An Introduction to Ethics* (Zondervan, 2018), 240-245.
135. Thomas Joiner, *Why People Die by Suicide* (Harvard University Press, 2005), 21-35.
136. David P. Phillips, *The Influence of Suggestion on Suicide: Substantive and Theoretical Implications of the Werther Effect* (American Sociological Review, 1974), 340-354.
137. OECD, *Health at a Glance 2023* (OECD Publishing, 2023), 146.
138. 통계청, 『2023년 사망원인 통계』 (서울: 통계청, 2023), 29.
139. Thomas Joiner, 42-56.
140 Émile Durkheim, *Le Suicide* (Paris: Félix Alcan, 1897), 215-246.
141. Brent B. Benda, *Causes of Suicide: Theories and Evidence* (Routledge, 2011), 117-135.
142. WHO, *Preventing Suicide: A Global Imperative* (WHO Press, 2014), 14.
143. David D. Burns, *Feeling Good: The New Mood Therapy* (Harper, 1999), 45-57.
144. Stefan G. Hofmann, *An Introduction to Modern CBT* (Wiley-Blackwell, 2011), 104-122.
145. John Cacioppo & William Patrick, *Loneliness: Human Nature and the Need for Social Connection* (W.W. Norton, 2008), 85-102.
146. Timothy Keller, *Walking with God through Pain and Suffering* (Dutton, 2013), 205.
147. Henri Nouwen, *The Inner Voice of Love* (Image Books, 1996), 44-48.
148. Kerry L. Knox, et al., *Public Health Approaches to Preventing Suicide* (American Journal of Public Health, 2004), 803-809.
149. "탈리오의 법칙"은 피해자가 입은 손해와 동일한 손해를 가해자에게 되돌리는 형벌 체계를 말한다. 당시 무제한적 보복을 방지하고 형벌의 균형을 유지하려는 목적을 가지고 있었다. 하지만 시간이 흐르면서 이 원칙은 문자 그대로의 형벌보다는 보상의 개념으로 변화하게 되었고, 현대의 법 체계에서는 보편적 정의보다는 재활과 사회 질서 유지를 중시하는 방향으로 나아가고 있다. John

H. Beckley, *Justice and Retaliation in Ancient Law* (Cambridge University Press, 2003), 47.

150. Martha T. Roth, *Law Collections from Mesopotamia and Asia Minor* (Society of Biblical Literature, 1997), 76-77.
151. Garrett G. Fagan, *The Lure of the Arena: Social Psychology and the Crowd at the Roman Games* (Cambridge University Press, 2011), 85-86.
152. Robert Ian Moore, *The Formation of a Persecuting Society: Power and Deviance in Western Europe, 950-1250* (Basil Blackwell, 1987), 112.
153. Lynn Hunt, *Politics, Culture, and Class in the French Revolution* (University of California Press, 1984), 76.
154. Amnesty International, *Death Sentences and Executions 2023* (Amnesty International Publications, 2023), 5.
155. Ibid., 6-10.
156. Ibid., 24.
157. 법무부, 『2023 교정통계연보』 (서울: 법무부, 2024), 102.
158. 박원순 외, 『사형제도와 인권』 (역사비평사, 2000), 87.
159. Amnesty International, 87.
160. 오사카 사건은 2023년 일본 오사카부 사카이시(堺市)에서 발생한 충격적인 가족 살인사건으로, 일본 사회 전반에 큰 충격을 주었으며 사형제도 존치 논쟁에도 영향을 미친 사건이다. 가해자인 아버지 A는 2023년 자택에서 아내와 자녀 3명을 살해한 혐의로 체포되었다. 그는 범행 당일 가족 전원을 흉기로 살해한 뒤 스스로도 자해를 시도했으나 실패하고, 경찰에 의해 현장에서 체포되었다. 범행 동기로는 심각한 가정불화, 경제적 압박, 정신적 불안정 등이 복합적으로 작용한 것으로 알려졌다. 이 사건은 일본 전역에 큰 충격을 안겼으며, 가족 안에서 일어난 극단적 폭력에 대한 공분이 확산되었다. 『朝日新聞社』, "堺市で家族4人死亡、父親を殺人容疑で逮捕 自らもけが," 『朝日新聞』, 2023년 10월 31일.
161. 박원순 외, 87.
162. National Research Council, *Deterrence and the Death Penalty* (The National Academies Press, 2012), 2.

163. 김한규, 『응보의 정의와 사형』 (서울: 박영사, 2017), 53.
164. 김도형, 『형사정책론』 (서울: 박영사, 2022), 291.
165. Charles J. Ogletree Jr. and Austin Sarat, *Life Without Parole: America's New Death Penalty?* (New York University Press, 2012), 88.
166. UNODC, *Life Imprisonment: A Policy Brief* (United Nations Office on Drugs and Crime, 2015), 5.
167. Augustine, *The City of God*, Henry Bettenson (trans.), with an introduction by G. R. Evans (Penguin Classics, 2003), 47.
168. Roy E. Gane, *Old Testament Law for Christians: Original Context and Enduring Application* (IVP Academic, 2017), 132.
169. Pope John Paul II, *Evangelium Vitae* (Pauline Books, 1995), 56.
170. Presbyterian Church USA, *Resolution on Capital Punishment* (Office of the General Assembly, Presbyterian Church, 2010), 3.
171. C. H. Kang and Ethel R. Nelson (1979), *The Discovery of Genesis: How the Truths of Genesis Were Found Hidden in the Chinese Language*. Concordia Publishing House. 서문강 (1998), 『창세기의 재발견』, 요나출판사.
172. 나라지표, 통계청 자료, 2014. www.index.go.kr
173. 아브라함은 갈대아 우르에서 하란을 거쳐 가나안으로 왔다.
174. 인간의 죄는 원죄와 자범죄로 나누어 진다. 원죄는 조상으로부터 유전된 죄를 말하고 자범죄는 세상에서 스스로 짓는 모든 죄를 가리킨다.
175. 김회권, 『성경의 관점에서 본 직업과 노동』 (서울: IVP, 2021), 75-80.
176. 김현경, 『사람, 장소, 환대』 (서울: 문학과지성사, 2015), 119-121.
177. John Rawls, *A Theory of Justice* (Harvard University Press, 1971), 53-59.
178. Michael Boyer, *Professional Ethics and Civic Responsibility* (Routledge, 2015), 22.
179. 김광수, 『성과주의와 윤리의 충돌』 (서울: 한울아카데미, 2018), 102-109.
180. 박진우, 『조직문화와 직장 내 윤리교육』 (서울: 커뮤니케이션북스, 2020), 87.
181. 김영민, 『윤리와 도덕의 철학』 (서울: 문학과지성사, 2016), 45-47.
182. 한상복, 『직업인의 도덕성』 (서울: 학지사, 2019), 89-92.
183. Cathy O'Neil, *Weapons of Math Destruction* (Crown, 2016), 45-71.

184. Virginia Eubanks, Automating Inequality (St. Martin's Press, 2018), 129-137.
185. 김대식, 『인공지능의 시대, 인간의 미래』 (서울: 동아시아, 2020), 159-164.
186. 윤태진, 『AI와 직업윤리의 미래』 (서울: 커뮤니케이션북스, 2022), 102-110.
187. 이광우, 『윤리 없는 성장의 그림자』 (서울: 나남출판, 2018), 47-50.
188. 박성민, 『정치와 윤리: 공공의 책임을 묻다』 (서울: 민음사, 2019), 63-67.
189. 조재형, 『기업의 탐욕과 윤리적 경영』 (서울: 한울아카데미, 2021), 101-106.
190. 고용노동부, 『2023 청년고용 실태조사』 (서울: 고용정보원, 2023), 88-89.
191. 정진우, 『대학과 윤리교육의 미래』 (서울: 커뮤니케이션북스, 2020), 88-92.
192. 마르틴 루터, 『루터의 직업소명론』 (서울: 한국장로교출판사, 2009), 55-61.
193. Gene Edward Veith Jr., *God at Work: Your Christian Vocation in All of Life* (Crossway, 2002), 36-41.
194 Nicholas Wolterstorff, *Justice in Love* (Eerdmans, 2011), 97-104.
195. Clifford G. Christians et al., *Media Ethics: Cases and Moral Reasoning* (Routledge, 2016), 8.
196. Shannon A. Bowen, *Ethics of Public Relations* (Routledge, 2010), 54.
197. Robert S. Fortner & P. Mark Fackler, *The Handbook of Media and Mass Communication Theory* (Wiley-Blackwell, 2014), 212-215.
198. John Milton, *Areopagitica: Areopagitica: A Speech for the Liberty of Unlicensed Printing to the Parliament of England* (Oxford: Clarendon Press, 1918), 50-55.
199. Denis McQuail, *McQuail's Mass Communication Theory* (SAGE Publications, 2010), 147-151.
200. 박용규, 『언론의 자유와 책임』 (서울: 한울아카데미, 2021), 201-203.
201. Ibid.
202. Donald Gillmor, *Mass Communication Law* (Wadsworth Publishing, 2007), 415-420.
203. Claire Wardle & Hossein Derakhshan, *Information Disorder: Toward an Interdisciplinary Framework for Research and Policymaking* (Council of Europe, 2017), 34-36.
204. 김영욱, 『한국 언론과 정치의 관계』 (서울: 나남출판, 2019), 132-135.

205. Neil Postman, *Amusing Ourselves to Death* (Penguin Books, 1985), 83-87.
206. Andrew Brennan and Yeuk-Sze Lo, "Environmental Ethics," in Edward N. Zalta (ed.), *The Stanford Encyclopedia of Philosophy*, Fall 2022 Edition. https://plato.stanford.edu/ archives/fall2022/entries/ ethics-environmental.
207. Holmes Rolston III, *Environmental Ethics: Duties to and Values in the Natural World* (Temple University Press, 1988), 129.
208. Rachel Carson, 『침묵의 봄』, 김은령 역 (서울: 에코리브르, 2002), 39.
209. Aldo Leopold, 『대지의 윤리』, 서정록 역 (서울: 에코리브르, 2015), 212.
210. Arne Naess, 『심층생태학』, 박경달 역 (서울: 솔, 2001), 48.
211. IPCC, *Sixth Assessment Report-Synthesis Report* (2023), 12.
212. Naomi Klein, 『이것이 모든 것을 바꾼다: 자본주의 vs. 기후』, 김영선 역 (서울: 열린책들, 2016), 142-143.
213. IUCN, *The IUCN Red List of Threatened Species,* 2023년 종합 보고서. www.iucnredlist.org.
214. Edward O. Wilson, 『생명의 다양성』, 김찬현 역 (서울: 사이언스북스, 2006), 42-43.
215. International Resource Panel, *Global Resources Outlook 2019*, United Nations Environment Programme, 15.
216. UNEP, *From Pollution to Solution: A Global Assessment of Marine Litter and Plastic Pollution* (2022), 7.
217. Kate Raworth, 『도넛 경제학』, 최윤희 역 (서울: 생각의힘, 2018), 143-145.
218. René Descartes, 『방법서설』, 김형섭 역 (서울: 아카넷, 2006), 62-65.
219. Lynn White Jr., "The Historical Roots of Our Ecologic Crisis," *Science*, Vol. 155 (1967), 1203-1207.
220. Arne Naess, 『생태적 자아의 실현』, 박경달 역 (서울: 궁리, 2007), 93-97.
221. Michael Northcott, 『기독교와 생태윤리』, 박용민 역 (서울: IVP, 2009), 102-105.
222. Richard Bauckham, 『창조세계와 성경』, 홍병룡 역 (서울: 새물결플러스, 2013), 67-73.

223. Ellen Davis, *Scripture, Culture, and Agriculture: An Agrarian Reading of the Bible* (Cambridge University Press, 2009), 45-49.
224. Richard Bauckham, *Bible and Ecology: Rediscovering the Community of Creation* (Baylor University Press, 2010), 94-98.

기독교 윤리와 인문학
지은이　　오주철　윤은수
펴낸이　　정덕주
발행일　　2025. 8. 28
펴낸곳　　한들출판사
　　　　　서울시 동대문구 한천로 58길 139
　　　　　등록 제2-1470호. 1992년
홈페이지　www.handl.co.kr
전자우편　handl2006@hanmail.net
전화　　　편집부 02-741-4069
　　　　　영업부 02-741-4070
FAX　　　02-741-4066
ISBN　　978-89-8349-864-9　93230

* 잘못된 책은 구입하신 곳에서 바꾸어 드립니다.
* 이 책의 내용을 무단 복사, 복제, 전제하는 것은 저작권법에 저촉됩니다.